書けば願いが叶う

4つの「引き寄せノート術」

すごい引き寄せ！研究会

宝島社

Prologue

一冊の「引き寄せノート」が、あなたの人生を輝かせる！

「夢を叶えたい……」。そう思いながら、あなたは今までどのくらい成功法則や占い、開運法などを試してきたでしょうか。

「今度こそ夢を叶えたい！　でももうどうしていいのかわからない……」。もしそうなってしまっているとしたら、おすすめの方法があります。

「ノートに書く」ということです！　ノートは単にメモを取ったり記録したりするだけでなく、「書く」ということを通して目標達成や願いごとを叶えることにも使えます。「書く」という行為には、願望を叶えるすごいパワーがあるのです。

そして、引き寄せの法則と「書く」ということが、驚くほど相性抜群なのですよ！あまりにぴったりなので、私たち、すごい引き寄せ！研究会は、願いがどんどん叶うノートを「引き寄せノート」と名付けて大切にしています。

今回、私たちは、「お金&豊かさ」「仕事」「恋愛&結婚」「自分のこと」という4つの目的別の願いごとについて、それぞれの「引き寄せノート」の達人にお話をうかがいました。

本書ではその極意を余すところなくお伝えしていきます！

なぜ書くことが引き寄せの法則と相性抜群なのか。

「望むか望まないかにかかわらず、考えていることが実現する」。

これが引き寄せの法則の真理です。ここでいう「考えていること」というのは、
私たちの潜在意識（無意識）にある思考が実現したものです。

無意識の領域のお話ですから、潜在意識にアクセスすることは、一般的になかなか難しいとされています。それがネックで引き寄せの法則がうまくいかない、となっている方もいらっしゃるかもしれません。でも、「書く」ということで、潜在意識に思いを届けたり、潜在意識にはびこって願望成就を阻んでいる思い込みを外したりということが、簡単にできるのです！


スマホやパソコン全盛の今の時代は、ペンを持って書くということが、とても少ないご時世です。

でも、それは本当にもったいないことです。

引き寄せノートを書いていると、自分が本当に欲しいものや、自分が本当にやりたいことが明確にわかってくるようになります。

手を使って「書く」ということが、脳幹という潜在意識によってコントロールされている器官を活性化する、最も効果的な方法でもあるからです。

引き寄せの法則にあまり興味がなくたって、まったくＯＫ。

自分の人生の目標を叶えるために、自分にぴったりのノート術にぜひ出会ってください！

すごい引き寄せ！研究会式「引き寄せノート」の始め方

できれば、引き寄せノートをスタートするにあたり、
新品のノートを1冊、ご用意ください。
ノートを選ぶときは、「お気に入り」を選ぶ、ということを大切にしてください。
「お気に入りを選ぶ」という作業からすでに、
願いを叶えるプロセスが始まっています。
「お気に入りを選ぶ」ということは、自分のニーズに合うものを探し、
手に入れる（＝現実化）ことだからです。
ノートは1冊でも複数冊持っていても構いません。
ただ、慣れないうちは、
願いや目標は1冊にまとめて書いたほうが、
エネルギーがフォーカスしやすくおすすめです。

スタートする日はあなたの自由です。
自分のタイミングで使い始めてください。
早く始めれば始めるほど、
なりたい自分に近づく日も早くなるでしょう！

イラスト＝いいあい

「引き寄せノート」に願いが叶うエネルギーを宿す

新品のノートを開いたら、1ページ目にこんなふうに
宣言文を書いてみてください！
言葉はアレンジして結構です。
宣言することで、願いを叶える魔法がかかります。

このノートに
書いた願いは、
すべて私にとって
最高のタイミングで
叶えられます。
ありがとうございます。

＊気分が明るくなるイラストやシールなどでデコレーションすると、
より引き寄せ効果が高まります。

書けば願いが叶う4つの「引き寄せノート術」

もくじ

カバー＆もくじイラスト＝KINUE

Chapter 1

やっぱりお金持ちになりたい！

「お金&豊かさの願い」引き寄せノート

イラスト＝菜々子

「お金がたくさんあったらいいなあ」とは
多くの人の願いです。
その願い、ちゃんとノートに書いていますか？
「どうしてお金が欲しいの？」
「お金があったら何がしたい？」
しっかり自分に問いかけてみましょう。
お金のエネルギーを動かすには、
その目的がとっても大事です。
そしてね、宇宙のパワーをちょっとお借りしてみるの。
それがお金の引き寄せにはものすごく効果的。
なぜなら、お金は宇宙や神様とツーカーの仲だから。
宇宙や神様といった目に見えない存在を味方につけて、
豊かさを引き寄せるレッスンをしてみましょう。

1

お金や豊かさの願いを
ノートに書く

2

宇宙や神様とつながる

3

お金の循環の中にあっという間に巻き込まれる
現実が訪れる！

Keikoさんの

奇跡的な豊かさをつかむパワーウィッシュの書き方

イラスト＝いいあい

12年に1度のハッピーイヤー到来！　射手座木星期の勝者になる！

11月8日、約1年間、蠍座に滞在していた木星が、いよいよ射手座へと移動します。12年に1度。まさに千載一遇の幸運期、ジュピターイヤーの幕開けです。

木星は、太陽系最大・最強のラッキースター。ひとつのサインに約1年滞在し、その間、滞在するサインにまつわることを拡大・発展させていきます。

私は、この木星の動きをベースに一年の流れを汲むことが、宇宙を味方につけて幸運の波に乗る秘訣だといつも重要視しているのですが、中でも射手座木星期は、特別です。なぜなら、木星は、射手座にとってのナチュラルサイン。いわば、ホームグラウンドに帰るようなもので、木星本来の力が最大限に発揮されるからです。

誰にとってもビッグチャンスや棚ぼた的ラッキーが訪れやすく、まさに宇宙から祝福さ

Keiko

ルナロジー創始者。実業家。1963年生まれ。慶應義塾大学法学部政治学科卒業。㈱電通退社後、ソウルメイト・リーディングの第一人者・イヴァルナのエージェントとなり、約7,000件の鑑定に携わる。「占星術は占いではなく、星のエネルギーを読み取るスキル」というポリシーのもと発信されるメルマガの購読者は7万人を超える。人気ブログ『Keiko的、占星術な日々』では、開運情報やパワーウィッシュのアドバイスが豊富。 http://ameblo.jp/hikiyose358

こんな人におすすめ

★月星座の力を借りたい人

★ジュピターイヤーにチャンスを手に入れたい人

れているようなハッピーな流れがやってくる超幸運期といえます。

ただ、木星というのは、よくも悪くも、全方向に「拡大・発展」することが宇宙から授けられた仕事です。さらに、射手座の特徴も、「拡大・発展」という点で一致していますから、その影響は計り知れないものがあります。とてつもなくラッキーになる人がいれば、ありえないほどアンラッキーになる人もいる。楽々リッチになる人もいれば、坂道を転げ落ちるようにプアになってしまう人もいる……。あらゆる面で二極化が進み、「引き寄せ格差」が広がる傾向があるのです。とはいえ、恐れる必要はありません。こういうときは、引き寄せ格差を制し、12年に1度の幸運を授かる勝者になればいいのです！

では具体的にどうすればいいか。それは、大きく2つあります。ひとつは、木星が滞在する射手座の特徴を踏まえたうえで、新月・満月の力を借りること。宇宙にストレートに願いが届くパワーウィッシュ（12ページ）をぜひご活用ください。今回、11月8日の木星が射手座に入る日に同時に起こる新月のパワーウィッシュから、年末までの4回分の「新月・満月のパワーウィッシュ」の書き方のコツをお伝えします。ラッキーなことに射手座は非常にオールマイティな性質を持っていますから、あらゆる望みが手に入りやすい一年でもあるのです。

もうひとつは、自分の潜在能力である月星座の力を発揮すること。そもそも引き寄せ力は、その人の秘めた力、引力のことです。自分の月星座の得意分野を伸ばすことが、ジュピターイヤーの最大の金脈を受け取る鍵にもなるでしょう。

左／パワーウィッシュノート2019

Keiko 著　講談社／2017.6／1,400円＋税

右／新月・満月のパワーウィッシュ Keiko的 宇宙にエコヒイキされる願いの書き方

Keiko著　講談社／2018.8／1,000円＋税

Keikoさんの願いを叶える門外不出の秘術、パワーウィッシュの書き方が一冊に。パワーウィッシュノートとコンビで使えば宇宙の恩恵を取りこぼす心配なし！

宇宙のサインを読み解く POWER WISH ANCHORING CARDS

Keiko 著

講談社／2018.3／2,300円＋税

第3弾は、Keikoさんがこだわり抜いた、高い波動を持つ美しいメッセージカード36枚。パワーウィッシュ成就力アップのヒントはもちろん、水星逆行中に行う"願いの念押し"には欠かせない味方！

射手座木星期（2018・11・8〜2019・12・2）における

豊かさを引き寄せるパワーウィッシュの書き方

これまで新月に願いごとを書いたことがあるけれど叶わなかったという人はどれくらいいらっしゃるでしょうか。願いは、ただ思いつくままにノートに書くだけではダメ。宇宙にきちんと聞き届けてもらうためにはコツがあります。私が提唱する、新月と満月を使った願望達成法「パワーウィッシュ」は、しっかりと宇宙と意思疎通を図り願いを叶えてもらうためのメソッドです。

パワーウィッシュにはいくつかのルールがあります。この手順を守ることで、単なる願いが、力強い言葉の波動を持つ「パワーウィッシュ」になるのです。

新月・満月のパワーウィッシュ Rule1

新月には「意図（願い）」＆満月には「感謝」を書く

新月で意図し、満月で受け取る。これが宇宙の基本サイクルです。ですから、新月だけお願いをするというのでは片手落ち。２つでワンセットで行うことがパワーウィッシュの基本です。

確実に宇宙に願いを届けるために、パワーウィッシュでは、冒頭にアンカリングフレーズを。願いの文章と結びはアンカリングワードを使って文章にします。このルールを守ることで宇宙Ｗｉ－Ｆｉがオンになり、あなたの願いは速やかに宇宙に届けられるのです。

射手座木星期入り後、半年間の新月・満月一覧表

●新月や、満月を迎えて10時間以内に書きます。難しい場合は24時間以内に。フライングはNGです。必ず、新月・満月になってから書き上げます。ただし、自分の月星座のときは、ミラクルウィッシュとなり、48時間以内に書き出せばOKです。

●タイミングはとても大事。ノートや手帳にあらかじめチェックしておくと忘れずに便利です。

月	日時	
蠍座の新月	2018.11.8	1：03
双子座の満月	2018.11.23	14：40
射手座の新月	2018.12.7	16：21
蟹座の満月	2018.12.23	2：49
山羊座の新月	2019.1.6	10：29
獅子座の満月	2019.1.21	14：17
水瓶座の新月	2019.2.5	6：04
乙女座の満月	2019.2.20	0：54
魚座の新月	2019.3.7	1：05
天秤座の満月	2019.3.21	10：43

Power wish Basic format

パワーウィッシュ 基本フォーマット

ノートに規定のアンカリングフレーズを書くとよいでしょう。『Keiko的 宇宙にエコヒイキされる願いの書き方 新月・満月のパワーウィッシュ』に載っています。

～新月バージョン～

○○○○○○○○○○
○○○○○○○○○○
○○○○○○○○○○
私は～を意図します／
～よう意図します

～満月バージョン～

○○○○○○○○○○
○○○○○○○○○○
○○○○○○○○○○
ハッピーな感情 or 状況＋
ありがとうございます

新月・満月が起こった星座を確認しておき、各星座の得意分野にまつわる願いごとを書き、アンカリングワードで締めくくります。

新月・満月のパワーウィッシュ
Rule 2

新月と満月が起こる星座の得意分野に絡めて、波動の高い言葉を選んで書く

新月や満月が、毎回違う星座で起こる理由はわかりますか？　それは宇宙が「今回はこの星座のテーマにエネルギーを集中させますよ」と私たちにサインを送ってくれているからです。つまり、その星座が得意とする分野であれば、願いはおのずと叶いやすくなるというもの。たとえば天秤座であれば結婚やパートナーシップ、牡牛座であればお金のことや上質で美しいものについてのお願いをしてみるといいのですね。

「では、牡羊座の新月のときはお金のお願いはしないほうがいいのか？」ということではありません。もしその星座にとって「ズバリ得意分野」ではない願いごとだとしても、その星座を象徴するようなキーワードや表現を盛り込みながら書けば問題ありません。

「私は、あっという間にプロジェクトを成功させて、年収2000万円のトップセールスマンになることを意図します」こんなふうに、牡羊座の得意分野であるスピーディさや積極性が感じられる文章にして豊かさをオーダーしてみれば、グンと宇宙の流れに乗りやすくなります。

願いを書き出すときは、言葉の持つ波動を意識してみましょう。宇宙は愛と優しさのエネルギーで満ちています。「口に出して気持ちがいい言葉」「元気や希望が湧いてくる言葉」「推進力が出る言葉」「思

わず笑みがこぼれてしまうような言葉」……。いい意味で心が揺さぶられるような波動の高い言葉だけが宇宙と共鳴するのです。

また、どの星座で新月・満月が起こったとしても、ラッキースター木星が滞在する星座の性質に寄せて書くことで、さらに幸運のスパイラルに運ばれていきます。木星が滞在する星座というのは、その時期に幸運が拡大する方向性を宇宙が示してくれているのです。11月8日以降の約1年間は、射手座木星期の特徴を意識しながら書くようにしてみましょう。射手座木星期はとにかく小さくまとまらないこと。自分の可能性を限定せず、夢も理想も自分では大げさかなと思うくらい大きく出たほうがむしろ叶いやすいでしょう。

「ムーンウォーター」を飲みながらパワーウィッシュを書いてみましょう

ムーンウォーターは、月の波動を刻み込んだお水です。新月に作る「ニュームーンウォーター」と満月に作る「フルムーンウォーター」　の2種類があり、そのとき、新月・満月を迎える星座のパワーを体に直接取り込むことができます。水と潜在意識は深い親和性があります。ムーンウォーターを飲みながら、ノートにパワーウィッシュを書くと、水に刻まれたサインの波動が私たちの体や心や潜在意識に染み込み、より効果的です。

準備するもの

ブルーのガラスボトル（色の濃淡や大きさは自由)、ミネラルウォーター

作り方

用意したブルーのガラスボトルの中にミネラルウォーターを入れてフタをします（フタがなければラップでふさぎます）。２時間以上月光浴をさせます。

＊月光浴させる場所は、ベランダかお庭、もしくは窓辺。外に置く場所がないなら、窓に近いところでOKです。

作る時間帯

ムーンウォーターは作るタイミング（新月・満月）によって性質がまったく異なります。ニュームーンウォーターを作るには最適な時間帯があり、私のブログ「Keiko的 占星術な日々」でお知らせしています。フルムーンウォーターは日が落ちてから昇るまでの間であればOKです。

使い方

ムーンウォーターは飲むのが基本。加熱しないほうがよいでしょう。バスタイムや洗顔に使ったりするのもおすすめです。枕元にコップ１杯を置くことで、邪気祓いにもなります。48時間以内に使い切りましょう。

蠍座新月のパワーウィッシュ

2018.11.8 1:03

Keiko's advice

ここでしっかり豊かさの種まきを

11月８日は日付が変わってすぐに蠍座で新月が起こります。この新月は、豊かさを求める人にとっては、蠍座木星期ラストの大きな置き土産になりそうです。

蠍座は牡牛座と共に、金運を司る二大星座。私はこの１年間の蠍座木星期をビリオネアイヤーと呼んできましたが、蠍座が象徴する豊かさは、巨万の富とも言うべき、桁違いのもの。

11月８日の夜、ラッキースター木星は射手座に移動します。その前に蠍座木星期＆蠍座新月のエネルギーに最後の後押しをしてもらい、パワーウィッシュで願望の種まきをする絶好の機会です。

ここでしっかり豊かさの種まきをしておけば、射手座木星期にその種は果てしなく拡散されていきます。あなたの元に惜しみない豊かさがもたらされることでしょう。

蠍座のキーワード

・不動産を手に入れる
・ロイヤリティや不労所得が入る
・遺産や保険金が入る
・投資の大きなリターンを得る
・専門分野を深く掘り下げる
・ソウルメイトとの出会い
・再生や復活

Keikoさんのアンカリングワード

私は、一時代を築くような
少女漫画家として大成功し、
作品は世界中の人々に読み継がれ、
途方もない額のロイヤリティを
手にすることを意図します。

とてつもないスケールを感じる表現を入れると、蠍座新月の象徴する豊かさに共鳴して宇宙に響きます。

蠍座の金運を表すキーワードを盛り込みましょう。

私は、2018年の間に、
ビリオネアで
イケメンのソウルメイトと
運命の出会いを果たし、
愛と豊かさに満ちた結婚が
成就することを意図します。

11月8日の夜、木星が射手座に移動することから、「1年以内」などではなく、短いスパンで目標設定するのもポイントです。

「イケメンなうえに、ビリオネア」をオーダーするなんて欲張りかしらと思うかもしれませんが、ビリオネアはまさに蠍座的なキーワードです。お望みであれば、ただ「イケメンのソウルメイト」とするより宇宙は反応してくれます。

双子座満月のパワーウィッシュ

2018.11.23 14:40

Keiko's advice

副業を成功させるチャンス

この双子座の満月は、お金を意味する第２ハウスで起こります。複数の収入源を持ちたい、副業を成功させたいという望みのある人には、大変心強い満月です。

双子座は、なんといっても12星座一の情報通。収入や財産に関して、とびきり耳寄りな情報が入ってくる気運に満ちています。

さらに、射手座木星期の恩恵を受けて、ずっと待ち望んでいた話がサクッと舞い込んでくる可能性もあるので、ピンときたら即行動。何事もフットワーク軽くいくことを心がけておきましょう。双子座は、マスコミ関係やアナウンサーや編集者など「言葉」を使うことに縁のあるサインでもあります。自分の持っている情報をSNSなどを使って、積極的に拡散していくのもとても効果的。とんとん拍子で話が進み、企業のブランディングや商品の魅力を伝えるインフルエンサーになって国際的に活躍するといったビジョンを持つのもよいでしょう。

双子座のキーワード

- 情報、マスコミ
- 文章を書く
- 言葉で的確に伝える
- 試験や資格に合格する
- 新しい収入源を得る
- 複数のことを同時進行する
- コミュニケーション上手
- 大きなリターンを得る

＊満月は手放したいことをリリースすることもで

Keikoさんのアンカリングワード

小耳に挟んだ情報を頼りに小型翻訳機の
商品開発をしたら、今年一番のヒット商品に！
念願だったアメリカでの発売も決まりました。
バンザイ！！　おかげさまで、
ボーナスが去年の3倍増に！！
会社のみんなの
モチベーションも上がって、
活気ある職場になったことも
本当にうれしいです。
ありがとうございます！

ピンときた情報を即行動に移すということが双子座の性質にマッチしています。

射手座木星期は、自分でありえないほど大きいと思える額をオーダーしてみましょう。

宇宙は、私たちが「愛」のエネルギーで満たされることを望んでいますから、周りの人の幸福を願うことはその意図に適っているという点で、願いが届きやすくなります。

子供の頃から憧れていた
自家用パイロットのライセンスに合格して、
プライベートジェットで
カリフォルニアの真っ青な空を
自由に飛ぶことができました。
空が大好きな両親も乗せてあげたら
とても喜んでくれて、
めちゃくちゃうれしかった。
ありがとうございます！

試験などに合格することも双子座が得意とする願いです。

射手座木星期は、海外に縁があるキーワードを積極的に盛り込むと◎。

射手座新月のパワーウィッシュ

2018.12.7 16:21

Keiko's advice

パートナーが金脈につながる

この射手座で起こる新月は、射手座木星期を伴う新月です。ただでさえ木星は私たちに幸運をもたらし、願いを叶えるべく動いてくれますが、同じサインで新月が起こるとなれば、そのパワーはこの上ないほど大きなものになると想像できますよね。

そもそも射手座は特定の分野にこだわることなく、オールマイティにあなたの願いを叶えてくれます。ただ、この新月は射手座の第７ハウスで起こりますから、第７ハウスが意味するパートナーや結婚に基づく願いであれば、なおさらぴったり。恋愛でも仕事でもどんなパートナーと組むかということが、チャンスや金脈につながっていくことはよくあります。この時期のお誘いにはできるだけ乗るようにして、人脈を広げるとよいでしょう。

射手座のキーワード

- 海外生活
- 冒険、海外旅行
- 楽観的、外交的になる
- 強運、拡大と発展性
- 法曹関係、マスコミ、出版
- 世界を股にかける
- チャンスや可能性をものにする

Keikoさんのアンカリングワード

私は、リッチで優しい男性と
たちまち恋に落ち、
ロンドンで新婚生活を送ることを
意図します。

この射手座新月は、理想のパートナーを求める人にはもってこいです。そこに射手座の得意とする海外を絡ませていくとよりパワーが増します。

私は、ソウルメイトと共に
世界規模の事業を起こして大成功を収め、
桁違いに豊かになることを意図します。

射手座木星期×射手座新月ですから、拡大・発展のパワーも倍増します。それに見合ったダイナミックな表現が◎。

私は、フランスで見つけた
恋愛小説シリーズを翻訳し、
それが社会現象を巻き起こすほどの
大ブームになることを意図します。

私は、翻訳家として
ベストセラーランキングの
常連となり、
たちまち累計1億部を
突破することを意図します。

翻訳や出版も射手座の象徴する世界です。そういったサインの特徴を意識的に取り入れていきましょう。

蟹座満月のパワーウィッシュ

2018.12.23 2:49

Keiko's advice

プライベートをぞんぶんに充実させて

月にとって、蟹座はナチュラルサイン。蟹座に滞在中は、居心地がよく、本領をいかんなく発揮します。私たちにとっては、蟹座満月から最大級の月の恩恵を受けることができるチャンスです！

蟹座は、「家族」や「家庭生活」がテーマ。マイホーム購入や、理想の暮らしぶりなど、充実したプライベートライフを遠慮することなく宇宙にリクエストしてみましょう。

親兄弟だけでなく、親戚も巻き込んだファミリービジネスを成功させるなど、一族が丸ごと繁栄するといった願いもよいでしょう。

実際の家族ではなくても、いざというときに助け合えるような、家族同然に親しく信頼できる仲間をつくることも蟹座の得意分野です。子育てをはじめ、何かに愛情を注ぎ「育てる」ことにも喜びを感じます。

蟹座のキーワード

- 家族や一族みんなの幸せ
- プライベートの充実
- 子育てや妊娠
- 何かを育てること
- 理想の暮らし、マイホームを得る
- 感情のコントロール
- 安心感を得られる場所をつくる

＊満月は手放したいことをリリースすることも

Keikoさんのアンカリングワード

パートナーが
あれよあれよという間に昇進！
お給料が倍増して、
家計に余裕ができました。
子供たちにも好きな習い事を
させてあげられて
本当にうれしい。ありがとうございます。

蟹座を象徴する「家族」を軸に願いを考えてみるとよい満月です。

フランスのブルゴーニュで
ワイン畑を経営している
フランス人醸造家の
パートナーと一緒に
家族経営で高級ワインを
作る暮らしが
楽しくてたまりません。
私たちが育てたワインは世界中の
一流レストランが大絶賛するものとなり、
身震いしてしまうほど
経済的にも豊かになりました。
自然の中で愛と笑顔にあふれた生活ができて
本当に幸せです。ありがとうございます。

射手座木星期に適した外国に関連したキーワードと蟹座の得意な「家族」の両方を入れています。現状ではまるで縁がない願いごとだとしても気にしないことです。射手座木星期はむしろ未知の世界にこそ幸運があります。

何かを育てることも、蟹座の得意分野です。

繰り返しますが、射手座木星期は想像を絶するくらいの大きさを求めてOK。そこは忘れずにフォローしてくださいね。

パワーウィッシュの引き寄せ力をさらに高めたい人へ

水星逆行中に、過去のパワーウィッシュの見直しをしてみましょう！

占星術に少し詳しい方なら、「水星逆行」という言葉をご存じの人も多いでしょう。年に2〜3度ある水星逆行期間中は、水星が司る情報や通信、コミュニケーションなどの分野に遅れが生じやすく、計画が予定どおりに進まないといったトラブルが起こりやすいのです。悪いことばかりではなく、過去のものが戻ってくる「振り返り」のタイミングでもあり、うれしい再会があったり、失くしものが見つかったりなんてこともあります。

実は、この水星逆行期間中に、過去に書いたパワーウィッシュを見直して、ブラッシュアップすると、願いが叶いだす人が続出しています。

今回お伝えした、2018年11月8日〜12月23日の期間のうち、11月17日〜12月7日に水星逆行が起こります。

パワーウィッシュの見直し効果は、いわば、宇宙への念押しです。水星逆行中の見直しはどれだけ遡ってもOKです。生まれて初めて書いたパワーウィッシュまで見直してみてもいいのです。

ただ、読者さんから頂く「叶いました！」の報告メールを拝見していると、「半年セオリー」といって、半年前に書いたパワーウィッシュの見直しをした場合の成就率がすこぶる高いものです。同じ星座は半年ごとに巡ってきますから、そのタイミングで見直しを図ると、自分自身が今本当に欲しいものを反映できて、再び宇宙にアンカリングされ、願いが叶いやすくなるのですね。つまり、2018年11月17日〜12月7日の水星逆行期間中は、半年前にあたる2018年5月29日の射手座満月のパワーウィッシュの見直しは必ず行うとよいでしょう。

水星逆行中のパワーウィッシュの見直しのやり方

まず、過去に書いたパワーウィッシュを声に出して読んでみましょう。今の自分の感覚と合わない部分があったら、その部分を修正します。書き直しの箇所が多かったら全体を書き直したほうがベターです。なお、半年前の「新月」で書いたパワーウィッシュを、見直した時点で起こる同じサインの「満月」のパワーウィッシュとして書き直しても構いません。逆もしかりです。

【 2018年5月29日 射手座満月のパワーウィッシュ 】

支店で営業成績がナンバーワンになり、
10万円の報奨金を頂き、
3泊4日の沖縄旅行に行けました。
楽しかったです！　ありがとうございます！

【 修正バージョン 】

会社全体で営業成績がナンバーワンになり、
グループリーダーに昇進。
100万円の報奨金を頂き、
10日間のハワイ旅行に行けました。
高級リゾートのハレクラニホテルに泊まれて
本当に楽しかった！　ありがとうございます。

＊水星逆行の見直しは、アンカリングカードを使って行うと効果倍増！　カードから客観的なアドバイスをもらうことで、願いを叶える突破口が開けます。具体的なやり方については『パワーウィッシュノート2019』で解説しています。

射手座木星期がさらに豊かさで満ちあふれる！

マイ月星座の生かし方

月星座とは、あなたが生まれたとき、月が位置していた星座のこと。一般的に「あなたは何座？」と聞かれたときに答える太陽星座が、取り組むべきテーマや課題を表すのに対し、月星座はあなたの本質を示すものです。そもそも、豊かで快適な暮らしをもたらすのは月の役割。いわば月は豊かさの根源で、ありとあらゆるものを引き寄せるパワーがあります。

豊かさを引き寄せたいのであれば、パワーウィッシュを使うと同時に、自分が生まれ持つ月星座の性質を輝かせていくことが最も効率的に豊かさを手に入れるコツになります。

射手座木星期は、「自分の月星座の性質＝金脈」を拡大・発展させる意識を持つとよいでしょう。パワーウィッシュを書くときも、自分の月星座の「らしい部分」をプラスしてあげるのです。たとえば、月星座が魚座の人だったら、海外旅行や住まいなどは、海や湖など「水」が関連するところに金脈があります。そういう特徴を盛り込んでいけばバッチリです。次ページから月星座ごとにおける金脈ポイントを挙げましたので参考にしてください。

また、どの月星座においても、「与えれば入ってくる」という宇宙の法則は押さえておきましょう。人生は、自分のやったことが形を変えて返ってきます。お金も愛も人脈も、月星座の金脈から得た富を循環させることを意識すると、さらなる豊かさとなって自分に戻ってきます。射手座木星期は、その循環の幅も途方もなく広がっていきますから、与えれば与えるほど、あなたは豊かな実りを受け取ることができるでしょう。

＊自分の月星座は、http://www.moonwithyou.comで調べることができます。
＊生まれた時刻が不明な人は誕生日の12時（正午）生まれとして、星座を決定してください。

お金の「引き寄せ力」を知りたいあなたへ Keiko的Lunalogy
Keiko 著
マガジンハウス／2017.3／1,400円＋税

月星座 牡牛座の金脈

牡牛座は、蠍座と共に金運を司る星座ですから、そもそもお金のことは大得意。家計の心配などしたことがない人がほとんどでしょう。

銀行や証券会社など金融の世界で働くことは、まさに水を得た魚。そこに金脈がある場合も多いものです。

また、あなたは美しいものを見極める審美眼に長けています。

美しいものの中でも、芸術品や美術品、宝石など、上質で普遍的な、誰もが認める価値あるものに縁があります。普遍的な価値がある「本物」が集まる場所にもあなたの金脈があるはずです。

〈金脈キーワード〉絵画、音楽などの芸術、オーガニック製品、上質な日常品、貴金属、美食など。

月星座 牡羊座の金脈

月星座牡羊座のあなたは、12星座一、1番が好きな人。自分で人生の舵を切っていきたいタイプ。働き方は、起業独立することがベスト。未開拓分野の新規ビジネスなど、チャレンジングな試みであるほど金脈である可能性大です。

とにかく、勝負強いことがあなたの強みです。ライバルが多い会社や、アスリートになって1番を目指すといった環境にいると俄然燃えてくるはず。「やってやるわ！」「私が1番よ」と闘志がみなぎるところにあなたの金脈があります。熱くなれるものに夢中になっていると、自然と豊かさもついてくるはずです。

〈金脈キーワード〉スポーツ全般、車やオートバイなどの乗り物、投資（新規未公開株）、ベンチャー企業など。

月星座 蟹座の金脈

月星座蟹座は、日々の暮らしの知恵が金脈につながるタイプです。ズバリ、「家」の中にあなたの金脈があります。

料理レシピをSNSで公開したり、お掃除グッズを考えてみたり、自宅サロンや家の一部を改装してカフェを開いたり、ハンドメイドの作品をネットショップで販売するなど、生活に密着したことがお金を生み出します。

家庭やプライベートを優先していくことがリッチにつながりますから、意識的にプライベートを充実させることです。

親戚付き合いなど、一族のつながりを大切にすることでも運が開ける人です。

〈金脈キーワード〉家庭、地元、ローカルビジネス、おうちサロン、老若男女、家業など。

月星座 双子座の金脈

月星座双子座は、頭の回転が早く臨機応変。耳の早さは12星座一のトレンドセッターです。情報通でフットワークの軽いところが、あなたの生命線であり、金脈になります。

情報社会の今は、あなたにとって願ってもないリッチになるチャンス。特に、たくさんの人と交流し、自らの足で稼いだ情報には大きな金脈があります。人間関係をつくることも得意なあなたは、人から人へ伝わる情報にラッキーな引き寄せがあるのです。また、双子座は「学び」にとても縁がある星座。勉強したことはすべてお金につながるタイプです。

〈金脈キーワード〉情報ビジネス、マルチメディア、IT全般、マーケティング、異業種交流会、短期講座など。

月星座 乙女座の金脈

月星座乙女座ほど、組織人として有能な人はいません。一を聞いて十を知るような賢さと、場の空気を的確に読む臨機応変さを兼ね備えています。

秘書や、トップの補佐役として確固たる地位を築いていくなど、人をサポートすることにあなたの金脈があります。

きちんとしたあなたは、目上の人から引き立てられていくタイプ。実際、上司や先輩など、年上の男性がリッチへの足掛かりを運んでくれそうです。堅実な金銭感覚の持ち主であり、多くを求めませんが、いつもしないことに積極的にチャレンジしていくと、豊かさも循環していきます。

〈金脈キーワード〉人の役に立つ、医療関係者、目上の人、資格を取る、ヘアケアなど。

月星座 獅子座の金脈

月星座獅子座は、生まれつき注目を集める華やかな存在感の持ち主。自分では気づいていないかもしれませんが、大勢の人に注目されること、スポットライトを浴びることこそに、あなたの金脈はあります。意識的に人前に出ることをしていくと、金運もついてくるでしょう。

いつチャンスが訪れてもいいように、ゴージャスで華やかな雰囲気を保つことも、豊かさを引き寄せます。

うらやましいことに「遊び」がそのまま金脈になるタイプでもあります。趣味に投資するのはもちろん、バカンスも大いに楽しみましょう。

〈金脈キーワード〉人を楽しませる、感動を与える、エンタメ、アートやデザイン、コンテスト、南の島など。

月星座 蠍座の金脈

あらゆるところに金脈があり、不労所得やギャンブル運は12星座一。親の遺産はもちろんですが、事業を引き継ぐ、一度ダメになったものを再生させる権利を得るといった「相続」が思いがけない金脈になることもあります。

また、他人には計り知れない自分だけの世界の持ち主です。物事の裏の裏まで見抜く直観力、本質を見極める天性の目が備わっています。研究者など、ひとつのことを深く掘り下げていった結果、人類史に影響を与えるような発見に至り、巨万の富を得るなど、世に出ていないようなお宝を見つけることが金脈につながります。

〈金脈キーワード〉不動産、ロイヤリティ、不労所得、人の力を借りること、香り、漢方やハーブなど。

月星座 天秤座の金脈

月星座天秤座は、見た目の美しさがそのまま金運に関わってきます。

高い美意識とハイセンスな感性の持ち主が多く、ファッション、ヘアメイク、ネイル、エステといった仕事に関わっている人も多いものです。

洗練された雰囲気の中、楽しくおしゃれに仕事ができる場所にこそ、あなたの金脈があります。自分自身を商品と心得て、自分磨きに精を出すことは、そのまま金運アップになるでしょう。

人と人の間を取り持つことも抜群に上手。優雅な佇まいとスマートな対応は大きな金脈になります。

〈金脈キーワード〉エレガント、スタイリッシュ、セレブリティ、ファッション、パーティ、人に見られることなど。

月星座 山羊座の金脈

月星座山羊座は、12星座一の努力家。本能的に努力は裏切らないことを知っていて、下積みも厭《いと》いません。着々と実績を積み上げることで成功を手に入れる。その努力や忍耐力こそが最大の金脈です。

そんなあなたにとって資格取得は金運アップにもってこい。ただし、税理士、社労士、司法書士といったハイレベルの国家資格こそふさわしいもの。日本の伝統的なお稽古事である着物、茶道、書道、華道を極めて名取や師範を目指すのもおすすめです。

また、月星座山羊座にとって、メンタルの安定＝お金の安定です。座禅や写経といった内省する時間もリッチを生み出します。

〈金脈キーワード〉日本的なもの、老舗ブランド、国家資格、伝統芸能など。

月星座 射手座の金脈

月星座射手座の金運は、海外と切っても切れないものです。金脈を掘り当てたいなら、何らかの形で海外と関わることが最短の道です。仕事であれば、旅行や貿易関係、外資系企業と相性がいいでしょう。もしすでに海外と取引があるようであれば、そのエリアを拡大していくことで、おのずと金脈も広がります。

交流範囲を広げて、海外と日本を行ったり来たりするなど、実際移動した距離が大きいほど、運も上がるタイプです。なぜなら、そもそも「日本と海外」など異質な2つのものを掛け合わせて両立させる才能があり、そこが金脈なのです。

〈金脈キーワード〉海外移住、国際結婚、外国語の習得、出版、法曹関係、師匠や先生など。

月星座 魚座の金脈

月星座魚座は、ファンタジックな世界や目に見えない不思議な世界に金脈がある人。12星座の中で最もイマジネーションが豊かで、芸術的な感性に恵まれています。アニメ、映像、音楽、写真といったアーティスティックな分野に関連のある仕事に打ち込むことができたらとてもラッキー。とりわけ海や水と縁があるので、理想は海や湖、川など水辺のそばにオフィスや自宅があること。環境を的確に選ぶことで、転職のたびに収入を上げていくこともできます。

魚座は住環境がよくなるほどリッチになる傾向があるので、インテリアにこだわって損はありません。

〈金脈キーワード〉リラクゼーション、エネルギーワーク、水辺、海、インテリア、クリエイティブなことなど。

月星座 水瓶座の金脈

月星座水瓶座はインターネットと相性が抜群。ネットビジネスへの適性は12星座随一です。ネットの世界は場所を選びません。そんなグローバルな視点と生まれ持ったアーティスティックなセンスを生かせる自由な働き方も金脈になります。

それを叶えるのに不可欠なのが、豊かな人脈。もともと人と人をつなげてネットワークをつくり、グループビジネス、仲間と起業するといったことに才能があります。国境も人種も超えてつながった仲間とのコラボから大きなお金が生まれやすいのです。

発明家レベルのアイデアマンが多いのも特徴です。

〈金脈キーワード〉最新の情報機器や家電製品、SNS、ボランティア、フリーランスなど。

中井耀香さんの

神様に願いが届く〝お清め〟ノート術

金運アップを願うには、お金のブロックを〝お清め〟することが鍵

イラスト＝風間勇人

多くのクライアントさんから、「お金持ちになりたい」「金運が安定しないのですがいい方法はありますか?」といったご相談を頂きます。そもそもお金に関してうまくいかない人は、だいたい何かしら心に制限をしているものです。ですから、私が何かアドバイスしても、「でも」「だって」と返ってくる率が高いのです。

何が心に制限をかけているかというと、潜在意識に染みついている「私がお金持ちになれるわけない」「リッチな生活を送る資格なんかない」という思い込みです。

たとえば、「子供の頃、家が貧乏で苦労した」「お金をだまし取られた経験がある」「信頼していた人に貸したお金が返ってこなかった」というような比較的わかりやすいお金のトラウマがブロックになっている人もいれば、「私はこの程度」と自分が稼げるお金の限界

Youka Nakai

古神道数秘術家。20代の頃に中国占術と出合い、中国超心理学の老子より門外不出の子平推命を学ぶ。玄空飛派風水、断易などさまざまな中国占術を習得。その後不思議な神縁により日本の古神道の数秘術を学び、中国占術と神道数秘術を融合させて鑑定を行う。「お清め」をテーマに刊行した書籍は累計36万部を突破。Yahoo! 占い、LINE占いともに登場と同時に1位を獲得。「奇跡の占い」と定評があり、これまで2万人を超える人を幸せに導いている。公式LINE@では、無料でコアな開運情報を配信中。「@nakaiyouka」で友達追加してみよう。

こんな人におすすめ

★神様とつながりたい人
★神社が好きな人
★金運も恋愛運も欲しい人

を決めてしまっているような人もいます。

こういったネガティブな思いを持ったままだとなぜお金持ちになれないのか。それは、私が日々古神道や占いを探求する中で気づいた、お金持ちになるために欠かせない最重要項目である「神社の神様にご縁を頂くこと」ができないためです。

神社という場所は、無限の富とつながっています。お金だけでなく、仕事も恋愛も健康も、幸福のすべてがあるといっても過言ではありません。**その無限の富をあなたに授けることができるのは神様だけ。**ですから神様にご縁を頂くことは大切なのです。

神様は一にも、二にも清浄であることがお好きです。私が著書や講演会でお伝えしているような、家のお掃除やお財布をキレイにするというお清め術はそのために非常に有効です。ただ、本気でお金持ちになりたいのであれば、それだけでは足りません。

神様は私たちの心の中をとてもよくご覧になられています。お金持ちに対する嫉妬やひがみ、自分だけ得をしたいというようなズルい考えなどは心の邪気そのものです。また、本当はお金持ちになりたいのに「私なんて」と自分を卑下している状態は、内なる神様である祖神様を苦しめていることにもなります。そういった**邪気を発している人に神様は近づいてきてくれませんよ。従って金運もついてきません。**

そんな心の邪気をお清めする、とても簡単な方法があります。ノートに「書く」という方法です。「紙」は「神」に通じています。「書く」という方法は、神様にダイレクトに願いをアピールできる開運法でもあるのです。

中井耀香の
金運招来パーフェクトBOOK

中井耀香 著
宝島社／2018.1／1,000円＋税

神様のごひいきリストに載る方法、最強の金運財布の作り方、生命数による自分に向いたお金の稼ぎ方などなど、耀香先生のお金のメソッドがギュッと集まったパワフルな一冊。あなたに強烈な金運を呼び込みます。

天を味方につけてベストパートナーを引き寄せる
すごい！「縁むすび」

中井耀香 著
PHP研究所／2018.9／1,300円＋税

理想のパートナーに出会えないのは、天からのサポートが足りないからかもしれません。天から応援されて最高の「恋愛・結婚」を引き寄せる数々のヒントを網羅。良縁に恵まれるための準備がしっかり整います。

Step1

お金にまつわる負の感情を〝清める〟ノート

～負の感情を手放す～

お金に対するさまざまな負の感情が、あなたへの金運の流れを止めているのかも。「書いて」邪気祓いをしましょう。

「お金持ちになります！」「年収1億円になりました。ありがとうございます」など、あなたはこれまでにもさまざまな情報を頼りに願いごとをノートに書いたり、七夕の短冊に綴ったりしたことがあるかもしれません。もしそれがあまり叶っていないようだったら、心の中にお金や豊かさに対する邪気がないかどうか疑ってみましょう。

神様に願いが届くのは、心が中庸な状態で書かれたときだけです。中庸というのは、よい出来事にも悪い出来事にも極端に心を乱すことなく、常に心のバランスが安定している状態をいいます。

根深い怒りや悲しみ、憎しみが心にあると、なかなか幸福な未来はイメージしにくいものですよね。厄介なことに、その負の感情は意識して吐き出さない限り、あなたの心から出て行ってくれることはありません。

自分の人生を振り返ってみて、お金や豊かさに関して怒り、悲しみ、不安、嫉妬といったネガティブな感情を引きずっていることはありませんか？　どんなことでもいいですから、思うぞんぶん書き出してみましょう。たとえ人の悪口になってしまったとしても構いません。ネガティブな言葉を人に直接ぶつけるわけではありませんし、あなただけの言葉ですから、どんなに下品なことでもいいのです。

この作業は相手に対する悪意が消えるので、人のためにもなります。「心底スッキリした！」「もうこれ以上出てこない」と思うまで、何時間、何日かかってでも書き出しましょう。

お金にまつわる負の感情を"清める"ノート

お金に対する負の感情を素直に書き出します。お金を貸したのに返さない相手への怒りかもしれませんし、誰かに貧乏をバカにされてくやしかった古い記憶かもしれません。

- 小学生の頃、家が貧乏で塾に通わせてもらえなかった。
友達に「何で行かないの？　貧乏なんでしょ」と聞かれて、
逃げてしまった。なんてこと言う子だったんだ。

- そもそも私にはお小遣いなんてなかったし、誕生日やクリスマスのプレゼントを用意してもらったこともなかった。みんなは自転車とか、かわいい洋服をもらったとうれしそうにしていて、うらやましかった。貧乏なんて大嫌い！

- 貧乏だったのはお父さんのせいだ。お父さんはいつもお酒ばっかり飲んでて、すぐ会社辞めちゃうし、今だって子供に小遣いくれとか平気で言ってくる。サイテー！　もっと働けよ！　ムカつく！

- 山本君とデートして、食事代がないというから立て替えたけど、ちっとも返してこない。あいつはダメンズの典型だ！　消えろ！

- こんなに働いて、今月のお給料これだけ??　何この会社。やってられない。

POINT 1

モヤッときたら即書き出す！

イヤな気持ちはいつまでもため込まず、早く吐き出すほど上手に感情をコントロールできるようになります。仕事中イラッとしたら、休憩中にノートにさっと書き出すだけでも、休憩明けにはスッキリした気持ちで職場に戻れたりするものです。昔のイヤな記憶はフラッシュバックして、あとからあとから出てくるかもしれません。でも、吐き出してしまえばおしまいですから、むしろ思い出したことを喜ぶくらいの気持ちでノートに書き出しましょう。

POINT 2

クールダウンしたら、「流」の儀式で邪気を浄化！

ひたすらモヤモヤをノートに書き出していると、だんだん飽きて冷静になってきます。もうこの気持ちにとらわれることはないわ、と感じたら完全リセットの儀式をしましょう。まず、心の中で「これらのことを許しました」と唱えます。さらに浄化を完全なものにするために、書いた文面の上から「流」という文字を書いてみましょう。「流」という文字には邪気祓いの効果があります。あなたのお金に対するモヤモヤをキレイに流し浄めてくれるのです。

書き出したノートのページは破ってゴミ箱に捨てても、燃やしてもOK。処分の仕方は自分がスッキリする方法を選びましょう。

Step2

お金のブロックを外すノート
～お金持ちになることを自分に許す～

Step1でお金に関する負の感情とさよならしたら、次は心の中に棲みつくお金の邪気、ブロックを清めましょう。

いくらお金持ちになりたいと口にしていても、心のどこかで、「どうせなれない」「私にはムリ」などと思っていたら、実現することはありません。

なぜそう思うようになるのかといえば、現代人は自分にパーフェクトを求めすぎる傾向があるからです。「もっと結果を残さないとこれ以上お金をもらう資格はないわ」「みんな貯金くらいしている。できて当然」「家計は妻の責任。赤字なんて主婦失格」など、幸せになるハードルを自ら上げてしまっているのです。

そんなふうに自分に厳しい人は、他人にも厳しい傾向があります。「私はこんなにがんばっているのだから、あなたもやって」と考えるのです。でも完璧な人なんてこの世にはいませんよね。それは誰もがわかっているのに、なお完璧を求めるというのは、自分も他人もどんどん追い詰めることとなり、幸せな未来を思い描くような余裕がなくなってしまいます。

お金というのは、気持ちに余裕があって、大切に扱ってくれる人のところにたくさん循環するという性質があります。いつもギチギチ、カリカリしているような人のところに行ったら、「拘束されてしまいそう」と恐怖を感じて寄りつかなくなってしまいますよ。人様を敬い、物事の道理をわきまえて、すべき務めを果たすということは人としても、神様に好かれるうえでも大切なのですが、他者も自分も「許す」という寛容さも同じくらい大切なのです。

罪悪感や後悔、「もっと～しなければ」という自責の念はお祓いしましょう。後ろめたい思いも書き出すことでお清めができます。

お金のブロックを外すノート

お金や豊かさのことで、後ろめたく思っていることがあったら、書き出してみましょう。たとえば、無計画に散財したことに対する後悔だったり、お金がなくて税金が払えないことの罪悪感だったり、もっと大きな過ちや失敗に苦しんでいる人もいるかもしれません。時間をかけてゆっくり自分の内面と向き合ってみてください。

- あーーー、駐禁で反則金取られた！　これで3度目。情けない。
アブナイってわかってたのに……。本当、私ってバカだ。
- ボーナスをちゃんと貯めていれば、支払いにこんなに
苦労しなくて済んだのに。もっとお金を大切に使うべきだった。
- お母さんにまたお金貸してもらっちゃった。
30歳過ぎて親不孝だよね。もっとしっかりしなきゃいけない。
- 鈴木君はとても誠意があっていい人だと思って仲良くしてたけど、
お金持ちの田中君に乗り換えちゃった。
これでよかったのかな……。もう遅いけど。
- 昔、おばあちゃんに玄関の掃除を頼まれて適当にやったのに、
思いの外たくさんお小遣いもらったことがあった。
あのときのおばあちゃんの顔を思い出すと申し訳なくなっちゃう。

POINT 1

罪悪感を書き出す

罪悪感というのは、ブロックの中で占める割合がとても大きなものです。不安、恐怖、羞恥心といったものも障壁になりますが、「お金持ちになりたいのになれない」という現実は、「お金持ちになるのは悪いことではないか？」と潜在意識で罪悪感を持っている自分がいるからです。だから、自分がお金持ちになることを許せないのですね。自分の中の罪悪感を書き出して、言葉という形にすることで自然と解消されていきます。

POINT 2

父親を許せないとお金で苦労する

お金の苦労や失敗が多い人は、父親との関係がうまくいっておらず、恨んでいたりする場合があります。「父親が母親にお金の面倒をかけてばかりいた」「別の家庭に貢いでいた」「ギャンブル好きだった」など、父親のだらしがない姿が潜在意識に刻み込まれていると、その反動で自分に厳しくなってしまうのです。自分を律するあまり、ちょっとした失敗や後悔で自分を責めてしまうようになります。とても苦しいですよね。

父親の存在は、社会的な関係全般に影響を及ぼすため仕事や上司との人間関係にも影響が出やすくなります。自分を幸せにできるのは自分だけ。そういった邪念は一刻も早くノートに書いてお清めしましょう。

Step3

神様に「お金持ちの自分」をオーダーするノート

～理想の未来を引き寄せる～

ネガティブな感情を浄化したら、いよいよ神様へのオーダーです。あなたはどんなお金持ちになりたいですか？　理想の自分の姿を思い浮かべて書いてみましょう。

神様へのオーダーはとても簡単です。ノートにただただなりたい自分の姿を書けば、「紙＝神」ですから、ダイレクトにオーダーすることができます。

ノートは神様へのオーダーシートなのですね。注文するのですから、あいまいな発注をすると神様もよくわかりませんし、あいまいな結果を受け取ります。

一番いい方法は、お金持ちになった自分の身の上に起こる出来事を、まるで体験したかのように書くことです。

「まるで少女漫画！」と自ら赤面してしまうようなドラマチックな出来事でも、頭に思い浮かんだら書いてみてくださいね。たとえば、「イタリア旅行に行ったら、イケメンでお金持ちのイタリア人男性に見初められて付き合うことになった」という感じでもいいのですが、できればもっと具体的にしてみてください。

「イタリア旅行で出会ったイケメンのイタリア人男性に見初められて、たちまち恋に落ちた私。彼はなんと貴族の末裔《まつえい》の大富豪だった！　私を追って日本までやってきて、ブルガリに特注した婚約指輪を捧げながら王子様のようにひざまずいてプロポーズしてくれた。結婚式は父も母も親戚も犬たちもプライベートジェットでイタリアに連れていってくれて、麗しい白亜の古城で挙式とパーティ。私はお姫様になったのだ！　みんなが笑顔いっぱいで幸せ！」

このくらい大げさでもちっとも構いません。書いている間にその世界にすでに入り込んでいるイメージができたらいいですね。あとは神様を信頼して現実としてやってくるのを楽しみに待ちましょう。

神様に「お金持ちの自分」をオーダーするノート

映画のようなサクセスストーリーや劇的な玉の輿《こし》、お金の心配がまるでない穏やかな暮らし……。願望ではなく、なりきった状態で書くことを意識してみましょう！

・憧れていた企業から一通のメール。
なんと私をヘッドハンティングしてきたの！
お会いしてみたら、お給料は今の5倍、年収でざっと2,500万円！
しかも、ニューヨーク支社での勤務が決定よ。
会社が用意してくれたペントハウスはセントラルパークを見渡せて、
ビヨンセがご近所さんにいるの。もう顔見知りの友達になったわ。
仕事はものすごく順調。アメリカがものすごく
肌に合っていたみたい。毎日楽しい！

・○○さんに頂いた年末ジャンボ宝くじの1等が当たった!!
7億円！　1等前後賞も入れると1億5,000万円もあるから、
合計10億円！　神様ありがとうございます！
ああこれで、両親にラクさせてあげられる。
すきま風が吹いて、雨漏りする実家を建て替えてあげられるわ。
残りは全部ケニアの貴重な野生動物や自然を保護する
環境保護活動に役立ててもらうわ。
私の夢は野生動物と共存する世界を築き上げること。
今まで月500円しか寄付できなかったけど、
救える動物の命の数は桁違いなはず！

POINT 1
書けば叶うことが原則

「○○があった」と出来事だけを書くよりも、「○○ができて最高の気分だった」と感情も一緒に書くとより引き寄せやすくなります。「宝くじ10億円当たるなんてあるわけない」とふと我に返る瞬間があるかもしれませんが、それでも問題ありません。私の経験からいうと、「書く」ことが最も意味があり、心底、感情たっぷりに望んでいなかったとしても、神様に願いは届きます。ちゃんと引き寄せられますよ。

POINT 2
小さな願いごとも大きな願いごとも書き出す

例では大きな事柄を書いていますが、ちょっとしたお願いでももちろん構いません。たとえば、「温泉に1泊旅行に行きたい」だったら、「草津の露天風呂付きのお宿に来ました。美肌の湯で肌はすべすべ。食事もとっても満足！」のように書いてみてください。きっとそのチャンスがすぐに訪れるはずです。

もっとお清め！　和のアファメーション

「言霊」でしつこい制限を撃退し、願いを叶える方法

しつこいブロックには「書くこと＋言霊」作戦で

恐ろしいことに、人は不幸と苦労に慣れてしまう生き物です。「お金持ちになりたい」と思って、ノートに負の感情を書き出してブロックを外したつもりでも、これまで長い間貧乏に慣れきってしまっていると、「やっぱりダメ」とか、「お金なんて簡単に入ってきやしない」など、自分の幸せを邪魔する考えが次々出てきて元に戻ってしまうのです。

しかし、心はあきらめません。口で「ダメ」と言っても、「お金が欲しい」「もっと豊かな暮らしをしたい」などと願望を湧き上がらせます。

「お金持ちになりたい」「もっと成功したい」とあなたが思うのは、図々しくもなんともなくて、純粋な心からの指令なのです。本当はその願望に素直に従っていったほうが幸せになれるのです。それなのに潜在意識にある「私はダメ」という制限がしつこくあきらめさせようとするのですね。

ノートに書き出して制限を外すことはとても有効ですが、制限があまりにしつこくて、いくら書き出してもお金に対して不安がつきまとい、貧乏が止まらないという人には、「言霊」も使ってみることをおすすめします。

日本語は言葉に魂がある特別な言語なのです。昔の人々は、日本を「言霊の幸《さき》わう国」と呼んでいました。

万葉集の柿本人麻呂の歌に「しきしまの大和の国は言霊の幸わう国ぞ ま幸《さき》くありこそ」という歌があります。日本という国は、言霊のパワーによって幸せになる国ということです。日本語を使う私たちも言霊を使うことで幸せになれるのですね。

私が存じ上げている「お金持ち」といわれる成功者の方たちは、皆さん「お金が好き」とはっきりおっしゃいます。そして成功する以前から、実際はお金がないとしても「お金ならあるよ」と口グセのように言っています。言霊が先にあって、なりたい現実はあとからついてくるのです。

言霊は日本のアファメーション

私たちはいつも言葉を使って思考していますね。あきらめようとする気持ちも「言葉」でできています。あきらめようとする気持ちが出てきたら、わざとプラスの「言葉」を口にしてみる。ポジティブな言葉を使うことはとても強力な心のお清めになります。

言霊は言葉の霊力と書きます。言霊とは、正しくは言葉にする前に発する「気」のことをいいます。言葉にする前の自分の気の状態に乗って出た言葉に神様が「乗り」ます。つまり、「意に（神様が）乗る」ということで、それが「祈り」のもとになっています。

何度も自分に言い聞かせる言葉というのは、ずっと自分に祈りを捧げているのと同じなのです。「お金がない」「お金がない」と何度も繰り返すというのは、そう祈っていることになりますから、お金持ちになれないわけです。お金持ちになりたいのなら、「お金がない」という考えがよぎったとたん、「私はお金持ち」「私はお金持ち」……と本当に望むことを口にして、制限する心を打ち消すようにしましょう。

言霊は日本のアファメーション（宣言文）です。だから、口に出して言ったことは、そのとおりになるのです。

神様とのお付き合いを見直そう

金運アップが叶う神社参拝のマナー

1　住所と名前を伝える

2　日頃の感謝の気持ちを伝える

例：神様のおかげで毎日仕事があり、無病息災で過ごしています。ありがとうございます。

3　お願いをする

「子供たちがしたい勉強をさせてあげられるお金が入りますように」「一緒に事業を大きく盛り立てていけるパートナーに出会えますように」など。

＊お願いはノートに書いたことをコンパクトにまとめておくとよいでしょう。

最後に神社の神様とのお付き合いの仕方をお伝えしておきましょう。前述したように、神社は無限の富が眠る「天の蔵」に通じています。書いてお願いすることのほかに、日頃から神社に参拝しておくことが神様に対する礼儀でもあります。

神社には初詣くらいしか行かないという人は、即、自分の家の近くにある神社（鎮守様）にごあいさつにうかがってください。

その際には、いきなりお願いごとをぶつけないことです。「お金持ちの男性と結婚させてください」「給料が倍増しますように」……。めったに来ない人がいきなりこのようなお願いをすると神様は大変驚きます。あなたのことをよく知らないからですね。不躾な態度をされておもしろいと思う人は誰もいません。神様も同じです。

column

恋愛がうまくいくと、お金もついてくる！

人生において「愛かお金か」という永遠のテーマがありますが、「愛もお金も」と考えたほうが絶対に女性は幸せなお金持ちになれます！

実は、金運は、恋愛がうまくいっていると一緒に向上するもので、切り離して考えないほうがいいのです。男性は陽のエネルギー、女性は陰のエネルギーを持っています。双方が一緒になることで互いに不足しているものを補い合い、よい部分はさらに生かすことができるのです。ですから、男性とお付き合いして、もし自分の金運がイマイチになったとしたら、そのお相手はベストではないかもしれない、という見方もできます。注意しましょう。

両方手に入れるなんて欲張りだなどと思わないこと。それは謙虚とは言いません。「今よりもっとよくなりたい」と素直に思い、願うことは成長に欠かせない思いです。そうやって人生は進化向上していきます。

実際、自分でもたくさん稼ぎ、ステキなパートナーに応援されながら成功しているという女性は、世の中にたくさん存在します。結婚したときは無職だった夫が、その後起業し、お金持ちになったという女性もいらっしゃいますよ。

実は、そういう女性には共通点があります。みんなかわいげがあるのです。容姿はそこそこでも、性格や生きる姿勢がひたむきで、かわいげがあります。神様はかわいげのある人がお好きですから、神様からのご加護も大きくなるのです。

女性としてかわいげのある生き方をする。そうすると、金運も恋愛運も両方ついて最高の幸せに到達できるのです。

Chapter 2
好きな仕事で成功したい！
「仕事の願い」引き寄せノート

イラスト＝菜々子

「退屈な仕事だわ」「早く家に帰りたい……」。
モヤモヤした気持ちを抱えたまま、今日もお仕事していませんか？
引き寄せの法則では、
今、この瞬間何を思っているのかがとても大事。
「退屈、退屈、退屈……」と繰り返し思っていると、
もっと退屈な仕事ばかりすることになってしまうかも!!
とはいえ、仕事とひと言でいっても、たくさんありますよね。
お勤めすること、起業すること、
医師など何かの専門家になること、
家族を支える主婦業も大切な仕事だと思います。
どんな仕事でも、あなたが本気でやりたいと決意することが
成功するための第一歩です！
世に名を遺すような成功者はすべからく、
目標をノートに綴っているといいます。
どうやらビジネスの成功はノートの神様が関係しているようです。
自分も周りの人も成長し、
幸せになる仕事に神様は力を貸してくれるそう。
早速ノートに仕事のお願いを書いてみましょう！

1

仕事の願いごとを
ノートに書く

2

先々の目標も書いて
頭を整理しておく

3

自分も周りの人も幸せで、成長している!

丸井章夫さんの 仕事が大成功する 引き寄せドリームノート

イラスト＝小野寺美恵

一流の人はノートをうまく活用している人ばかり

「ノートを書く人は必ず成功する」。これは、私が20年以上にわたって、あらゆる方の人生相談に向き合ってきた揺るがない真実です。

皆さんの中には、ノートなんて身近すぎて特別な感情が湧かないという方もいると思いますが、私にしてみれば「ノート＝神様」であり、**ノートに書いた願いは神様によって叶えられる**のだと断言したいくらいです。

なぜそう思うに至ったか。ひとつは、鑑定に来る方々の中に、会社員でありながら本を出版していたり、一人で数億円を売り上げる企業のオーナーだったりと、次々目標を叶えている方々がいました。その秘訣を聞いたところ、必ずノートに夢や目標を書くことを実践されていたのです。

こんな人におすすめ

★仕事でもっと上を目指したい人

★転職などを考えている人

Akio Marui

運命カウンセラー、ノート研究家。幼少期より人間心理と精神世界に興味を持ち、19歳よりプロの鑑定士として活動を始める。以来、25年間にわたりのべ3万人を鑑定。現在、開運ノート術セミナーを各地で開催、指導を行っている。著書に『手相で見抜く！成功する人 そうでもない人』(法研)、『幸運を引き寄せたいならノートの神さまにお願いしなさい』(すばる舎リンケージ) など。

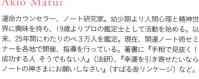

目の前の成功者たちの共通点に興味を持った私は、ノートの秘密について研究を始めました。すると、たとえばユニクロの柳井正氏のような経営者、サッカーの本田圭佑選手、フィギュアスケートの羽生結弦選手といった一流アスリート、ゴッホやピカソといった芸術家……あらゆる分野の圧倒的な成功者がノートを夢の実現に活用していることがわかりました。

自分自身を振り返れば、30年近く前から書くことの大切さを実感していました。もう10年以上前のことですが、もともと私はごく普通のサラリーマンで、「独立して成功する」という夢を持っていました。そして、ノートにその旨を継続的に書くことをしたところ、スムーズに退職し、脱サラに成功。起業も順調にいきました。

起業後も、出版やテレビ出演といった夢をノートに書き連ねていきました。こちらも次々に実現。こうなると、自分だけやっているのはもったいないと思い、鑑定やノートセミナーに見えた方々に夢を叶えるノート術をお伝えするようになったのです。

私の印象では、ノートに夢を書くことで、もともと運気のよい方であればさらに運気が上がっています。運気が弱い方であっても、ちゃんと夢を叶えていく事例も多く見ています。反対に、ノートに書く習慣が根づかない人はスランプに陥ってしまったり、「うまくいかない」状態になりやすいようです。ノートに夢を書くと、自分の望みがはっきりし、自分の強みやチャンスに気づくことができるようになります。叶えたい夢がある方はノートをぜひ活用しましょう。ノートに書くことが人生を変える礎になるのです。

書くだけで願いが叶う!
「引き寄せノート」のつくり方

丸井章夫 著　宝島社／2017.9／700円＋税

どんな願いもあっさり叶うと大評判！ 丸井先生のノート術がコミック付きで登場。叶いやすく書くコツをわかりやすくお伝えします。

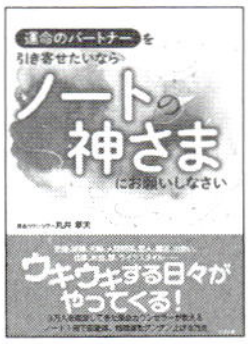

運命のパートナーを
引き寄せたいなら
ノートの神さまにお願いしなさい

丸井章夫 著　すばる舎／2018.8／1,400円＋税

3万人以上の方を幸せに導いた丸井先生の恋愛運、結婚運にフォーカスした待望のノート術が一冊に！理想の相手との恋愛や幸せな結婚を引き寄せましょう。

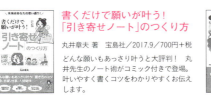

丸井式

引き寄せドリームノートの作り方

夢は具体的に3つ以上書くこと！

私はよく「自分で思いつくことは叶う、叶わないことは思いつかない」とお話ししています。「独立して会社経営をしたい」「世間が驚くような発明品を世の中に出したい」「〇〇の研究で第一人者になりたい」……。このように心に浮かんでくる願いごとは、自分の潜在意識が未来の自分の状態を教えてくれているのです。想像できることというのは、実現できる可能性があるということです！

そうとなれば、早速ノートにあなたの夢を書いてみましょう。丸井式のノート術では、「夢を具体的に3つ以上書く」ということが基本になります。「3」という数字に「成功・安定」をもたらすパワーがあるからです。

人の脳は、抽象的なものより具体的にはっきりとわかっているものを手に入れるほうが得意です。そして叶ったときの様子を思い浮かべられるような描写を入れることがポイントです。たとえば円満退社して転職を成功させたいという場合。「〇月〇日、無事引き継ぎを終え、みんなに笑顔であいさつしこの会社での業務を終えた。上司がねぎらいの言葉をかけてくれて思わずジーンとしてしまったな。新しい会社では、夢だった企画の仕事につくことができた。今までの経験を生かしてがんばろう！」など、臨場感を持って自分がどんな気分でありたいかをイメージし、ワクワクした描写を書きましょう。

ドリームノートの書き方

願いごとの文末は、「叶えた！」と完了形で断言するほうがより信念がこもってパワフルになりますが、「だんだん近づいています」「思ったとおりになりつつあります」など現在進行形でもOKです。自分がしっくりくる書き方を選んでください。

人生の究極の目標を書く
自分だけが幸せになる目標ではなく、周囲の人、しいては社会全体など広い視野で見て自分が貢献でき、多くの人と共に幸せになるようなミッションともいえる目標を立ててみましょう(51ページ)。

☆究極の目標☆

私は美容師として多くの女性・男性の魅力を引き出すお手伝いをし、世の中に自分らしく輝いている人を増やしています！

- 私はこのたび28歳で独立し、表参道に自分の美容室をつくりました！ シャンプーやパーマ液の薬剤までできるだけ自然の材料にこだわったホリスティックな美容室です。内装も北欧のログハウス風で森にいるような雰囲気になっています。ここまで徹底した自然派志向の美容院は日本初！　最高の気分です。
- 髪にとことん優しい美容室という私のビジョンに賛同してくれたスポンサーさんが現れたおかげで、開業資金2,000万円もクリアできました！
- 「髪が蘇ったようにキレイになった」「クセ毛が信じられないほど扱いやすい」とお客様がどんどん口コミで評判を広げてくださいました。なんと九州からわざわざご来店くださったお客様も。一躍人気店の仲間入りを果たし、集客もうなぎのぼりです。
- 35歳で東京と神奈川に5店舗を経営する目標を達成しました。働きたいという勉強熱心でホスピタリティあふれるスタッフに恵まれて経営も順調にいっています。

ワクワクを大切に
自分が「こうなったらいいな」とイメージしたとき、ワクワクしたり、充実感を得られたりするように書きましょう。

具体的な望みを3つ以上書く
「何歳で」「どこに」「どんな感じ」「どんな人たちと」といった具合に、細部までイメージしてみましょう。

叶った気持ちで
夢を叶えるにあたり、資金繰りや人材確保など気になる課題がある場合はそれらがクリアされているように書いてみましょう。

＊書き終わったあとに、「やったー！」という満足感や、「よし、やるぞ！」とモチベーションが上がってきたら成功です。

ドリームノートの効果を高める3か条

引き寄せ力を高め、ノートの神様がほほ笑んでくださる秘訣があります。詳しく説明しましょう。

1 直筆で書く

先ほど、心に浮かんでくる願いごとは、自分の潜在意識が未来の自分の状態を教えてくれているとお伝えしました。実は直筆だと、この潜在意識にアクセスすることができます。

　親指の第一関節のところに目の形のような線が入っていませんか。これは「仏眼」と呼ばれるもので、比較的多くの方が持っているものです。この「仏眼」こそが潜在意識の入り口になります。ペンを持ち、ノートに願いごとを書き込むという動作はこの仏眼をおのずと刺激することになり、願いが仏眼を通じて潜在意識へと届けられていくのです。なお、もしあなたに仏眼がなくても、親指の第一関節から潜在意識にアクセスできますのでご心配なく。

　もうひとつ、直筆は、脳に対する素晴らしいアプローチをしています。たとえば、「新しいパソコンを買うぞ！」と決めたとたん、パソコンのCMばかり見るようになるといった経験はありませんか？これは脳のフィルター機能である「RAS（網様体賦活系）」の働きによるものです。私たち人間は、情報の海の中に生きているようなものですから、見聞きする情報をすべて取り込んでいたら脳はすぐパンクしてしまいます。よって、自分にとって大切で興味のある情報だけを、脳は取り込んでいます。つまり、直筆をして願いごとがしっかりと脳に刻み込まれると、RASの働きによって、それまでまったく気づかなかった願いごとに関する有益な情報を優先してどんどん受け取ることができるようになる。つまり、願望がスイスイ叶う脳の状態になるのです！

2 毎月1日、もしくは新月に書く

願いごとは、できれば毎日ノートに書いたほうが実現するパワーは高まります。ただ、毎日書くことはなかなか難しいですし、「書かなければいけない」と義務のようになってしまうと楽しんで書くことができません。

そういう方は、毎月1日、もしくは新月の日は願いごとを書く日と決めておくのはいかがでしょう。

1日がよい理由は、日本にはもともと「朔日《さくじつ》参り」といって月初めに神社に参拝して、1か月を無事に過ごせた感謝と、新しい月がよい月であるように祈願する風習があります。

新月がよい理由は、月が満月に向かって満ちていくように物事を増進させるパワーがあるからです。新月の日を利用する場合は新月に入った瞬間から8時間以内。遅くとも、48時間以内にノートに向き合って願いごとを書きましょう。

約2週間後の満月の日を振り返りの日として、達成具合をチェックしたり、内容を確認して軌道修正したり、ブラッシュアップするとさらに願いは叶いやすくなります。

「私は毎日願いごとを書くわ！」という熱心な方は、願いごとに対して作戦を立ててみましょう。毎日願いごとに向き合っていると、「こういうことをしてみようかな」「○○さんに会ってみようかな」とさまざまなひらめきを得るものです。それも一緒にノートに書き留めておいて、実際に行動に移してみるようにします。具体的な行動が伴うと、願望成就は一気に加速します。お試しください！

3 早く叶えたいときは願いごとを1日15回書く

早く願いごとを叶えるためには、具体的な行動を取っていくことにプラスして、1つの願いごとを1件につき15回ノートに書くことをおすすめしています。これは願いを叶える力をパワーアップさせるためです。書けば書くほど願いは叶いやすくなってきます。

私のセミナーにいらっしゃる生徒さんにうかがってみたところ、特に大切で早く叶えたい願いは毎日15回ノートに書き、ほかのお願いは自分の好きなペースで進めているようです。

他言は禁物！ 願いごとは秘密にしよう！

自分の大切な願いごとは、周囲に漏らさないようにしたほうがベターです。それは、嫉妬や意地悪で邪魔をしてくる人がいるかもしれないからです。「誰に何を言われても絶対に大丈夫」という方はいいのですが、多くの人は、「そんなのムリよ」「宝くじに当たるより難しいよ」「それは危険だからやめたほうがいい」などとネガティブな言霊をぶつけられると、その言葉が気になってしまって決意が揺らいだり、意気消沈してしまいます。大切な願いごとほど、他言しないほうが賢明なのです。SNSなどで高らかに宣言することも注意しましょう。

Column

人生の究極の目標の見つけ方

ドリームノートの中で、「人生の究極の目標」を書き出すことが一番難しく感じじるかもしれません。見つかるまで空欄にしておいても構いませんが、３つ以上書く細かな願いごとが、人生の究極の目標にかなっていれば、とても叶いやすいものになりますから、できれば意識するようにするとよいと思います。

本来のドリームノートの理想系は、「人生の究極の目標」という大義名分があって、それぞれの夢の細分化がなされているイメージなのです。

47ページの例に挙げた美容師さんの場合は、「人生の究極の目標」は「世の中の人の魅力を引き出し、自分らしく輝いている人を増やす」こと。それに対して自分が美容師として叶えたい夢が具体的に書かれています。

「人生の究極の目標」をうまく設定するためには、あなたの価値観やアイデンティティを正しく知る必要があります。人生においてどんなことに喜びを感じ、大切にしているかということです。

叶えたい夢を具体的に考えたり、毎日願いごとと向き合っている間に、自分にとって何が大切なものなのか、気づきを得られる方もいるでしょう。早く見つけたい方は、自分の過去を振り返ってみるとよいでしょう。自分の人生で強烈に印象に残っている出来事を振り返って、そのとき感じた感情も書き出します。すると、人が幸福で暮らすためには何が大切であるかという自分なりの考えが浮かび上がり、自分の価値観がわかってくるでしょう。

引き寄せドリームノートQ&A

ドリームノートを作るにあたり、よく頂く質問にお答えしましょう。

Q ドリームノートを書く時間帯は？

A おすすめは朝です！

ノートの神様に一番つながりやすい時間帯は朝です。朝の体力も気力も十分なうちに少し早起きしてノートに向かうことができると理想的。もちろん昼も夜も神様はあなたを応援してくれていますが、朝に書くことができるとその日一日を意欲的に過ごすことができ、夢につながるひらめきや行動が驚くほど入ってきます。

ウイークデーは会社があるからできないという方は、週末だけでも試してみてください。もしくは、日中休憩時間などに15分ほど仮眠を取り、疲労感を軽くしたあとにノートに向き合ってみることでも朝と同じ状態がつくり出せます。ちなみに曜日では水曜日と木曜日がノートの神様からのメッセージがキャッチしやすいでしょう。

Q どんな場所で書くのがベストですか？

A 「火」「水」「音」がある場所です！

中国に伝わる五行説では、世の中のすべての事象は、木・火・土・金・水という5つの要素からなるといわれています。中でも、「火」と「水」が両方そろっている場所はノートの神様がとても好む場所です。「火」は知識や知恵、物事を明らかにするという意味があります。「水」も同じく知識や知恵を表します。両方がそろっているとそれらが相乗効果を発揮してアイデアをもたらしてくれるのです。カフェやキッチン、神棚のある場所などがその条件を満たしています。

また、無音の静かな場所よりも、軽快な音楽がBGMとして流れているような場所もよいでしょう。無駄な想念が湧きにくくなりノートの神様が好みます。

A どんな筆記用具を使うといいですか？

Q 愛用の一本を見つけられるとベストです

これは絶対ではありませんが、「このペンで書くと願いが叶う」と思えるような一本に出合えると、それがルーティーン効果となって、願いが叶いやすくなったり、次々にアイデアが生まれたりするということは実際あるようです。

　また、どこかに外出する際は、愛用のペンと一緒にノートもいつも持ち歩くようにしてください。ノートの神様はあなたがノートを大切に扱っていると、自分が大切にされていると思ってくれます。ですから、いつも持ち運んでくれるととても喜びます。家に置き去りにされると寂しいのです。いつも気にかけて大切にしてくれる人のことを、神様だって無下にはできないもの。あなたの願いを早く叶えてあげたいと思ってくれるでしょう。

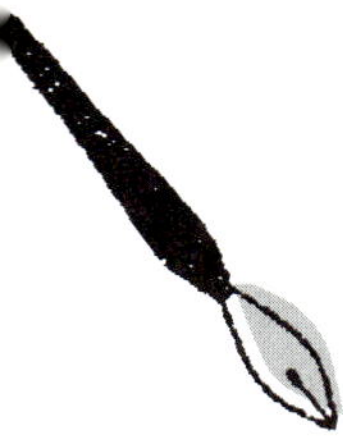

A ノートに書いてもなかなか叶わないときは？

Q あなたの願いごとにはあふれるほどの「情感」が込められていますか？

まず確認していただきたいことは、自分の書いた願いごとから情感や熱意がたっぷり感じられるでしょうか。情感や熱意をわかりやすくいうと、自分がワクワクするかどうかということなのです。もし気持ちが足りないなと思ったら、自分が読み返してテンションが上がる言葉を入れて書き直してみることをおすすめします。

　また、願いごとを書くときは、できるだけ空腹であるほうがよいでしょう。ごはんを食べたあとや、お菓子を食べながらノートを書いていませんでしたか？　胃が活発に動いているときの人間の体は消化が第一の仕事になるため、脳はぼんやりしてきます。満腹になると眠たくなってしまう経験はあなたにもあるでしょう。そういうときは神様からのメッセージをキャッチしにくくなってしまうのです。

夢を持てない人はどうしたらいい？

「夢を具体的に書くことができません」と時折ご相談を頂くことがあります。それは自分の中に夢の具体的な見本がないだけです。心配いりません。

では、夢の見本をどのように探したらいいかというと、読書やドキュメンタリー番組などから多くの人の人生に触れることです。そういったたくさんの素晴らしいアイデアが蓄積されるとあなたの夢をどのように設定すればいいかがわかってきます。

今は世界中の成功者がＳＮＳを活用しています。FacebookやInstagramなどでそういう人の投稿をチェックするだけでも、刺激になってインスピレーションを受け取ることができるでしょう。「この人みたいになりたい」「こんなふうに仕事をしてみたい」と自分の判断基準が生まれてくるようになります。

ひらめきをキャッチできると もっと願望は叶う

ドリームノートを書くことが習慣になってくると、「こういうことをしてみようかな」「〇〇さんに会ってみようかな」とさまざまなひらめきを得ると前述しました。そのひらめきが入りやすくなった状態がさらに加速すると、「シンクロニシティ（共時性）」という現象が起こり始めます。会いたいなと思った人と駅でバッタリ会ったというような「偶然の一致」のことです。さらにゾロ目数字をたくさん見るようになったら、運はあなたに味方している証拠。不安や迷いがあるとしても、思いきって行動あるのみです。バラ色の未来はすぐそこです！

Column

ノートの神様&時間の神様をダブルで味方につけて怖いものなし

ノートの神様にお願いすることで自分の望む方向に人生を発展させていくことができるとお伝えしてきました。さらに、タイミングよく事柄を運べる人は時間の神様も味方につけることができます。そうなれば、より願いは引き寄せられてきます。

時間の神様に好かれるためには何事も「早め早め」に行動すること。遅刻をしたり、締め切りを守らなかったり、報告が遅れたり、支払日までにお金を払わなかったりと、他人に迷惑をかけないことが大切です。余裕のある行動がここ一番のチャンスを引き寄せるのです。

物事がうまく運ばない運が悪い方というのは、たいがいギリギリまで手をつけない、放っておく、後回しにするという傾向があります。こうした行動がチャンスを逃していることに気づいていません。時間は有限。積み重なった時間は、あなたの命そのものです。時間を大切にする=命を大切にすることにもつながります。

それからもうひとつ、今自分の抱えている仕事や目の前のすべきことに熱中することができると、フローと呼ばれる状態になります。熱中するということは、その対象に「愛」を持って向き合っているということ。結果、早くよいものができあがるということは、神様からの祝福なのです。

応用編

仕事運を確実にUPさせるノート

ドリームノートに書いた願いの中にも仕事に関する願いは含まれているかもしれませんが、あなたのキャリアにもっとフォーカスして叶えたい未来を引き寄せるノートをご紹介しましょう。

応用1 未来の履歴書を書いてみよう

ここであなたに書いていただきたいのが、履歴書です。履歴書というと面倒なものと思うかもしれませんが、ここでお伝えするのはあなたの「未来」の履歴書になります。ですから、あなたが「こうなりたい」「こういう仕事をしていたい」と思うとおりに書けばいいのです。ワクワクしませんか？

具体的には、あなたの10年後、20年後、30年後というふうに書いてみてください。

実際にノートに履歴書を書くことができると、その夢にどのように向かっていけばいいのか、考えることにつながります。

運は「運ぶ」と書きますが、仕事こそ、きちんとスケジューリングをしてタイミングよく運んでいくことが大切だと私は思っています。つまり、日々の仕事の積み重ねが未来のあなたの仕事の成功につながっていくのです。未来の履歴書を書くと、毎日の仕事の大切さや時間の使い方の意識向上にもつながり、大変意義があります。

未来の履歴書

自分が望むようなキャリアプランを素直に書き出してみましょう。やってみたいと思っている仕事に対して具体的なイメージを持つことができ、引き寄せが加速していきます。イメージしにくい方は、欄外の問いかけに答えるように考えてみましょう。

キャリアをどのように積んでいきますか？
「立派な研究者になります！」のような漠然とした書き方しか浮かばないときは、人に話を聞いたり、本で調べたりするなどして、どのようにキャリアを積み上げていけるかというイメージを持つようにしましょう。

目標を達成するまでに必要なことは何でしょう？
未来の履歴書を書くと、「キャリアを重ねるうえで何が必要か？」がわかってきます。たとえば語学の勉強や、何かの資格を取ることがキャリアにおいて有用であることがわかった場合は、今から行動につなげましょう。

10年後……
○○社で化粧品の研究者としてキャリアを積み、
特に美白に関する知識・技術を十分に身につけています。
研究の成果を出しつつ、周囲からの信頼を集めていき、
新ブランドのプロジェクトリーダーになります。
企画部や営業部とも協力して連携し、クライアントの
ニーズに対して具体的な提案ができる研究者になります。

20年後……
グローバルな視点を得るため○○社のアメリカの研究所に
赴任しています。人種による肌の違い、気候の影響など
さまざまな知見を得て、世界中の女性が満足できる
美白化粧品の開発に成功します。○○社が世界的な
企業に成長していく過程を共に体験します。

30年後……
「美白と皮膚の再生のサイクル」について論文を書き、
世界的に評価されます。それを機に、さらに活躍の場が
広がり、アメリカの○○大学との共同研究や、
日米の大学で講義を持つ機会も増えました。
会社では、若手の研究者の育成に忙しいながらも、
充実した日々を送っています。

どのような人間関係の中にいますか？
自分だけでなく、仕事仲間と共に成長し、幸福になっていくイメージを持ってみるとリアリティを感じてワクワク感も増すでしょう。

応用2 収入アップを叶えるノート

収入アップを望むとき、単純に「年収が100億円になりますように」などと金額だけを書いてもなかなか叶いにくいものです。

なぜかといえば、自分の現状とあまりにかけ離れた金額は、あいにく臨場感に欠けるため、「できるわけない」と逆に悪い思い込みを潜在意識に刻み込んでしまう方が多いからです。

とはいえ欲しい金額を書いてはいけないわけでなく、私の経験からいえばこれまで得た金額の1・5倍程度であれば抵抗感なく受け入れられ、叶う可能性がふくらみます。

そして、その使い道は忘れずに書いておきましょう。実は、金額よりもむしろ具体的に手に入れたいものを書いたほうが効果的です。脳は金額などの抽象的なものよりも、イメージが具体的なものであればあるほど、手に入れることが簡単だと考えるからです。

また、西洋占星術では、12歳、24歳、36歳、48歳、60歳はどなたであっても幸運がやってきやすい時期です。その時期を意識して年収予測プランを立ててみるのもよいでしょう。

収入というと仕事と結びつきやすいものですが、宝くじが当たるとか、遺産が入る、ロイヤリティが入るなど不労所得も収入に入ります。お金に限らず、人、物も基本的に「財」と見なします。いい人との出会いがいい仕事につながり、お金を生み出すことは実によくあることです。人や物との巡り合わせは仕事運や金運には欠かせません。

収入アップを叶えるノート

収入アップの書き方は、47ページのドリームノートの応用になります。

年収の目標

年収は1.5倍を目安に。

やったー！ 年収が5,000万円になった！ ありがとうございます。

感謝の言葉が自然に出てきたときは、ぜひ書き出しましょう。あなたの波動レベルが上がっている証拠です。望みを引き寄せやすい状態にあります。ノートの神様はきちんと感謝できる人が大好きなのです。

目標が叶ったらどのように使いますか？ 具体的に書き出しましょう。

- 4LDKの南青山のマンションを買いました！
- 子供をイギリスに留学させることができました！
- 両親が行きたがっていたアラスカにオーロラを見に連れていってあげることができました！

〈私の年収予測〉

12歳、24歳、36歳、48歳、60歳のうち、これから迎える年齢のところを書いてみましょう。

自分の過去を振り返り、人・物・お金でラッキーなことがあったら、付け足してみてください。人によって5年置きによい波が来ていたり、人とお金がセットになっていたりするなど特徴が出る場合があります。

- 12歳…お年玉の総額が倍になった。
- 18歳…バイトの時給が1か月で500円上がった。
  バイクを買ってもらった。
- 24歳…売上成績がトップになって報奨金を頂いた！
  年収800万円に!!
- 32歳…宝くじで100万円当たった！ 車をもらった！
- 36歳…グループリーダーになり、給料がベースアップして、
  チームの成績も全国トップ！
  いい先輩と後輩に恵まれている。年収は2,000万円に！
- 48歳…2つの支社の社長になり、年収は5,000万円に！
  協力的なスタッフやいいクライアントとご縁が続いている。
  家族も健康でありがたい毎日。
- 60歳…関東エリア統括の取締役。年収は8,000万円に。
  「組織は人」をモットーに、働きやすい職場環境を
  提供することに務め、離職率はグループ会社内で
  最も低い。お得意様をはじめ、
  若い人と仕事をすることは実に楽しい。

＊幸せを引き寄せやすい年齢の前の年から、積極的な開運行動をしておくとさらに効果的です。もちろん日頃から現実でできる努力をコツコツと行うことは言うまでもありません。

応用 3

仕事問題解決ノート

仕事につきものの悩み、失敗、人間関係のいざこざもノートで解決できる

人は誰でも大なり小なり問題を抱えているものです。その問題が仕事に関連していることも多いでしょう。でも安心してください。ノートを使えばどのような問題も解決することができます。まず知っておいてほしいのは、悩みには3つあるということです。

①「自分で解決できる悩み」
②「時間が解決してくれる、自然に解決される悩み」
③「他人がどう判断するかなど、自分ではどうしようもない悩み」

皆さんこの3つについて頭を悩ませますが、正直なところ、②と③は自分ではどうすることもできませんから、悩んでも仕方ありません。いっそ割り切ってしまい、できるだけ考えないようにするほうが精神衛生上よいでしょう。

ノートで解決できるのは①の自分で解決できる悩みです。

私が多くのクライアントさんとの問題解決セッションをしてきて思うのは、問題解決とは、「問題」について考えることではなく、「目標」と「解決策」のほうを考えることが大事です。ただ、多くの方は問題ばかり見つめています。だから余計に袋小路に陥ってしまうのです。

あなたが「直属の上司とうまくいかない」という問題を抱えているとして、説明してみましょう。

まず、ドリームノートで「究極の目標」を立てる重要性をお伝えしましたが、問題解決ノートでも「究極の目標」を持っていると、その軸から離れずよい解決方法に導かれます。

たとえば、今回は「世の中に福祉の大切さを伝える」という究極の目標を持っているとしておきます。

ここから本題です。「直属の上司とうまくいかない」理由を思いつく限りノートに書きます。「仕事の進め方が把握しにくい」「話し好き、話が長い」「上司が帰るまで帰宅できない」などと書いてみます。

次に、悩みの根本の理由を考えます。自分にとって、上司とうまくいかない理由を明確にするのです。この例ですと、「仕事の進め方」「会話のリズム」「働き方」が自分とは合わないとなります。それを、62〜63ページのように図などに表して、一目で問題の構成がわかるようにします。

さて、ここから解決策をどう導くか、です。

私は、「問題解決に関連する3冊の本を本気で読む」ことをおすすめしています。「3」はすべてを生み出すきっかけになる数字で、3冊の本をくまなく読むことにより、素晴らしいアイデアがあなたの中に蓄積されていきます。

本をしっかり読んだあと、再びノートに戻り問題構成図と向き合います。すると、はじめはたどたどしいかもしれませんが、どのように解決すればよいかが浮かんでくるようになります。その書籍の内容があなたの脳を刺激して、大いなる気づきを与えてくれるようになるのです。

問題解決ノートは朝、南向きで書く！

私の経験上、問題解決ノートは、早朝から午前中に書くのがベスト。深夜は思考がネガティブになりやすいためおすすめしません。

また、南の方角を向いて書くようにすると、南のエネルギーによって大いなるひらめきを与えてくれます。

問題解決ノート

例1 直属の上司とうまくいかないときは……

私の究極の目標
世の中に福祉の大切さを伝える。

究極の目標がわかっていると視野を広く持つことができ、目の前の問題だけに振り回されずに済みます。

○今の問題：
直属の上司とうまくいかない。その理由は？

・仕事の進め方が把握しにくい。
・話し好き、話が長い。
・上司が帰るまで帰宅できない。

悩みの理由は思いつく限り書き出しましょう。

悩みの根本の理由を明確にします。

○根本理由は、「仕事の進め方」「会話のリズム」「働き方」が自分とは合わないようだ。

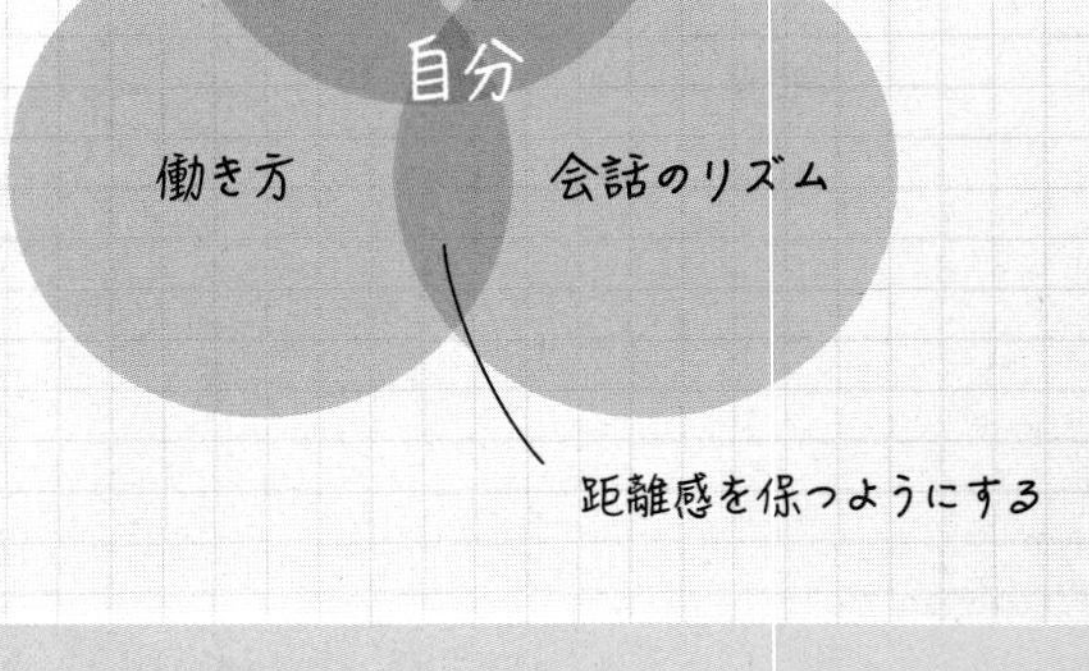
会社以外のコミュニティも大切にする
自分は簡潔に話すことを心がける
仕事の進め方

何もせず解決策がすぐに浮かぶ人はあまりいませんが、悩みの根本を明らかにした時点で、脳は解決策を自動的に探し出そうとします。本を３冊読んで脳からの回答を待つと、このように解決策がもたらされることがあります。

例2　仕事で大きなミスをしてしまったときは……

私の究極の目標

子供たちが安心して暮らせる社会にする。

たとえ大きなミスをしてしまっても、究極の目標に立ち返ると、自分が今何をすべきかの気づきが生まれることがあります。

○今の問題：
仕事で大きなミスをしてしまった。その理由は？

・関係者との連絡や報告がうまくいっていなかった。
・自分だけで何とかしようとしてしまった。
・早く成績を残したいという焦りがあった。

悩みの理由は思いつく限り書き出しましょう。

悩みの根本の理由を明確にします。

○根本理由は、「コミュニケーション」「教えを乞う姿勢」「全体的な仕事の経験」が自分に欠けているようだ。

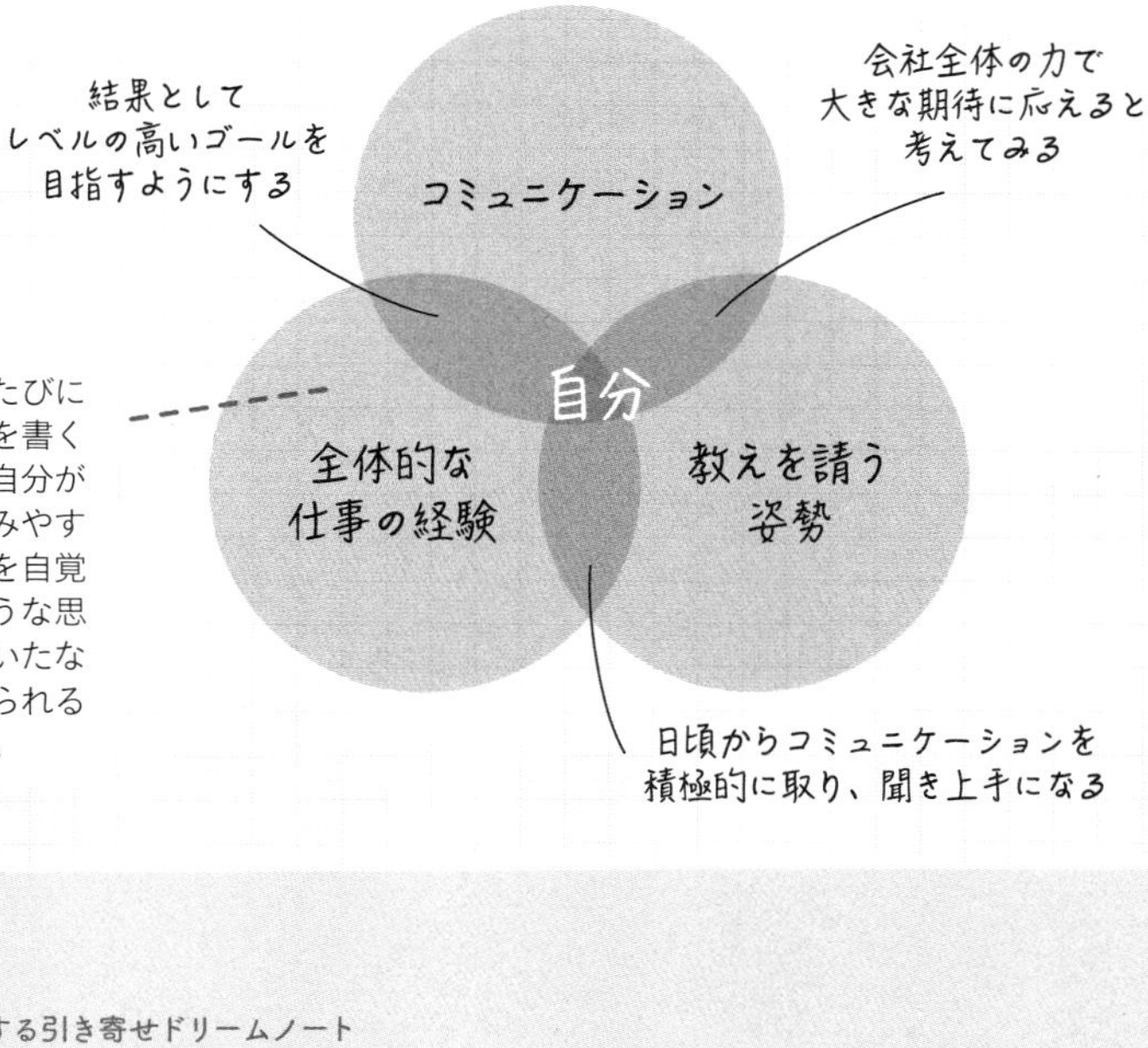

悩みが生まれるたびに問題解決ノートを書くようにすると、自分がどんなことに悩みやすいかという弱点を自覚したり、同じような思考を繰り返していたなどの気づきを得られるようになります。

藤本さきこさんの「3行ノート」をつけて仕事の神様に愛される！

イラスト（似顔絵）＝鈴木沙英子

月収10万円から、たった2年で月収1400万円を稼ぐ起業家に！

私はかつて月収10万円で2人の子供を育てるシングルマザーでした。でも、今は4人の子供たちと大好きなパートナーに囲まれて、大好きなことを仕事にしながら毎日幸せに暮らしています。

なぜ私が理想の暮らしを実現できたかといえば、「設定変更」をしたおかげです。

私流の「設定変更」を先に説明しておくと、まず自分の感情をノートに書き出し「明らかに見る＝明らめる」ことで、本来の願いとは違う思い込みや勘違いをリセットします。そして新たに、本当に自分が感じている「設定」に変更することです。具体的には、**①今の自分を「明らめる」②今の自分を「感じる」③望む世界の設定を「決める」**。

この3つにすべてを集約していきます。たったそれだけで、本当にあなたが望む仕事、

こんな人におすすめ

★現状の仕事や収入に満足していない人

★理想の仕事がほかにある人

Sakiko Fujimoto

1981年、青森県出身。株式会社ラデスペリテ代表取締役。友人と創業したハンドメイド雑貨の店舗「petite la' deux」を運営するかたわら、第3子の妊娠をきっかけに人生を「明らめた」結果、宇宙の叡智に触れる。その経験を生かし、現在は「宇宙レベルで人生の設定変更セミナー」を主宰する人気講演家として、累計3万人を動員。また、月収1,400万円を稼ぐ実業家としても活躍中。

年収、パートナー、生活を手にすることができるのです！
「明らめる」というのは、仏教用語からきている言葉で、状況をはっきりさせて心も明るく楽しい方向にするという意味があります。現状の自分を「明らめる」ことをせず、いきなり設定変更をしてもうまくいきません。私のメソッドの中ではとても大切で、設定変更の要になる作業だと思っています。

誰でも自分のネガティブな面やみじめな気持ちはできるだけ見たくないものです。そういう気持ちが湧いてくると、謎のポジティブシンキングを発動して自分はハッピーだとごまかそうとしてしまう人も少なくありません。以前の私もそうでした。6年前、未婚のまま2人目の子供を出産後、まもなく友達と地元の青森に雑貨店をオープンし、わずかなお金を得ていました。ただの古くなった家を「アンティーク調でステキ♡」と思い込み、ギリギリの生活をしてがんばっている自分にそれなりに満足しているつもりでした。

でも自分の素直な気持ちを明らめてみたら、「もっと広くてキレイで温かい家に住みたいし、子供たちとゴロゴロしながら、もっとラクにザクザク稼ぎたい」ということがわかったのです。その本当の気持ちに気づいたとき、理想と現実があまりにも乖離《かいり》していて、夜中に大泣きしたことを今でも覚えています。でも、その絶望があったからこそ、今、理想の暮らしを叶えた自分がいるともいえるのです。

今あなたがしている仕事や暮らしは本当にあなたがしたいことですか？　今回は仕事にまつわる事例とともに、明らめる、感じる、決めるの「設定変更」をしてみましょう。

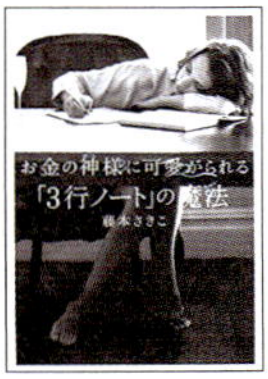

お金の神様に可愛がられる「3行ノート」の魔法

藤本さきこ 著
KADOKAWA／2017.12／1,300円＋税

「あなたの本当にしたいことは何？」書けば書くほど自分の本当の願いに気づき、自分らしさが開花。本音で生きたいと願う女性のバイブル的一冊です。

お金の神様に可愛がられる「人づき合い」の魔法

藤本さきこ 著　KADOKAWA／2018.8／1,400円＋税

すべてがうまくいき、幸せな毎日を送るために人間関係はとても大切。でも、パートナーも仕事仲間も家族も、自分の「内側」が変わらない限り、本当の変化は訪れません。人付き合いをよくするには、まず自分ととことん向き合うことから始めてみましょう。

Basic

願いの本質を知るノート

「もっとラクして稼ぎたい」「もっと出世したい」「本当は独立して仕事がしたい」「〇〇になりたい」……。現状に大きな不満はなくても、望む世界にあと一歩届かないでいるとしたら、現在の自分の設定を疑ってみましょう。

私の例でお話ししますね。私は今でこそ大勢の人の前で講演会やセミナーをしていますが、もともとは人前で話すことに恐怖感がありました。でも、「人前で話す仕事がしたいな」とずっと願っていたのです。そのために、話し方の学校に行ってみようとしたり、コミュニケーション関連の本を読んで学ぼうとしたりしました。でも小さな子供を抱えながら仕事もしていたので、時間に余裕がなく、やりたいようにできませんでした。当然、人前で話す恐怖感は克服できないままでイライラばかりが募っていきました。そこで私は「人前で話すのが怖い」と思い込んでいる設定を変更することにしたのです。

1 明らめる

自分が目の前で起こることに対して、「なぜどのような感情を抱くのか」、自分の感情を探っていくことが「明らめる」です。

人前で話すのが怖いのはなぜ?→ちゃんと話せないから→ちゃんと話せないと何が困るの→嫌われる、がっかりされる、すごいと思ってもらえない。こんなふうに感情を掘り下げていきます。

(どうやら私は人に「すごい」と思ってもらいたくて人前で話せるようになりたい、上手に話せないと人前で話してはいけない、と当時は設定していたようです)

Point　「ムカつく」「私ばっかり」「もうやめたい」「どうせ私なんて……」などなど、正直に気持ちを書き出しましょう。1ミリとして自分の気持ちをごまかさないで。ひととおり書き出したら、事実と幻に区別します。事実以外はあなたの幻です。その幻である感情に対し、「なぜそういう感情を抱くの？」「どうして？」「ということは？」と疑ってみます。すると、自分を縛っていた設定に気づきます。

2 感じる

1で味わった感情が、本当に自分のものかどうかを改めて味わってみることが「感じる」です。

「1で出てきた設定を淡々と眺めて、何も心配がなかったら、どうしたい？」と自分に問いかけたところ、「人前で話す仕事がしたいからではなく、私には伝えたいことがある」ということがわかりました。

Point　1の感情を十分に感じたら、「本当はどうしたい？」と自分に問いかけてみましょう。

3 決める

これから自分が味わいたいと思っている感情や世界を自ら選ぶことが「決める」です。

2で感じたことを踏まえて、「うまく話せなくても人前で話していい」と決めました。

Point　現状維持で現状の設定を選ぶこともできますし、新たな設定をつくることもできます。

これで設定変更完了です。このように自分の感情に向き合って設定を変更していけば、「できない」と思っていたこともすんなり決められます。コツをつかめば、設定変更は少しも難しいものではないのです。

感じる　この設定をどう思う？

私は大企業に勤めていて、そのプライドのためだけに今の会社にいるのかも。
カフェは大好きだけど、カフェで成功したら自由でかっこいいイメージがあるから
やりたいと思っていただけなのかも……。今の仕事を充実したものにしていないのは、
自分かもしれない。だって私は与えられた仕事だけをちまちまとこなして、
上司や同僚に提案のひとつもしたことがなかった。大きなプロジェクトに関わっても、
どこか人ごとのようにしていて、言われることだけしていた。もっと積極的に
関わっていたら……。本当はすでに輝ける場を与えてもらっていたのかもしれない……。
もしカフェをやるにしても、その前に経営のこととか、人を動かすこととか、
もっと今の職場から学ぶことがあるはず。

決める　本当はどうしたい？

イキイキと楽しく仕事をして、輝きたい！
そのために、多くのことを学ばせてもらえる
いい機会だと思って、目の前の仕事に
全力で取り組むことに決めた！

成功するために、カフェをやりたいと思っていたけれど、明らかにしたら、成功するかどうかよりも、仕事で輝く人生を送りたい。そう気づくことができたようです。「やりたいこと」がある人は、なぜそれをしたいのか。「成功」の意味を明らかにして、自分好みの設定にすることが大事です。それ次第で、「〇〇で成功する！」という決め方は、よくも悪くもなります。 ちなみに私の場合は、「成功＝常に内側に正直に人生を送れること」です！

3行ノート

明らめる

カフェで成功したいと思っていたけれど、私にとって
成功することは、カフェの仕事でなくてもよいことがわかった。

感じる

すでに活躍の場は与えられていた気がする。
言われたことだけやっている自分はソンしていたかも。

決める

今の職場でもイキイキと、充実した仕事をすることに決めた！

カフェをやりたい夢があるけれど、失敗したら怖くて大企業を辞める勇気が出ません。

Case Study 1

このノートの中で、「事実」は今日も会社だったということだけ。そのほかの波線は「幻」です。特に、「怖すぎる〜！」「耐えられない！」と感情が爆発しているところを探ってみましょう。

11月10日

事実

今日も会社だった。仕事が退屈すぎて、鎌倉でカフェをやりたい思いが日に日に強くなる。でも、飲食業はギャンブルだっていうし、失敗したら今まで貯めたお金もパー、キャリアもパーで何もなくなっちゃうと思うとやっぱり怖い。怖すぎる〜〜！失敗したら、どうするわけ？　借金とかつくっちゃったらサイアクだよ。みんなの笑いものになるなんて耐えられない！

幻

明らめる

「成功」というのは、人によって基準が違います。なぜ「成功」したいのか、そこをとことん明らかにしましょう。ただ、「成功＝勝ち組」「成功＝高収入」などという外側基準で成功を考えているといつまでも苦しいままかもしれません。

なぜそんなに怖いの？

だって、私は今より成功したいのに、
カフェに失敗したうえに、
今までのキャリアやお金がなくなったら、
耐えられそうにないと思うから。

成功したいのはどうして？

一人で事業を成功させたらかっこいいな、と思う。
でも一番は、今より仕事に充実感が得られて楽しいと思うから。

ということは？

あれ？　私は是が非でもカフェをやりたいわけではないのかもしれない……。今の会社に勤めたままでは、自分が輝くことができないと設定している。

みじめさを感じている原因は、会社や職種ではなく、その勝ち負け設定だということに気づいたようです。もし、みじめさから脱却するために別の会社や職種を選んだとしても、そこにこだわっている以上、また同じ繰り返しになってしまいます。

感じる

この設定をどう思う？

「若くないとキャリアが積めない」とか「仕事がない」とか
思いたくない！　働き方も稼ぎ方も、この世の中にはたくさんあって、
勝ち負けじゃないのに、自分で自分を負け組に入れて、
みじめにしていただけなんだ……。

決める

本当はどうしたい？

勝ち負け設定やめた！　世間の基準でいちいち負けるのもやめた！
「勝つか負けるか」「みじめかみじめじゃないか」ではなく、
本当に自分だけの基準で生きていくと決めた！

3行ノート

明らめる

「未経験ではダメ」「もう年だからダメ」と、
勝ち負け世界を設定して、勝手に負けて、
勝手にみじめになっている自分がいた。

感じる

経験や年齢のせいだと思いたくない！
今の私が心から満足して活躍できる仕事がしたい。

決める

勝ち負け設定はやめて、
本当に自分だけの基準で生きていくと決めた！

私は40歳。離婚したので職歴がほとんどないけど事務職の
正社員になりたくて仕事を探していますが、
断られ続けて悩んでいます。

Case Study 2

「未経験ではダメ」「もう年だからダメ」というような世間の常識といわれるものに縛られていることに気づいていません。そう思っているから、そのような現実を見ることになってしまうのです。

12月1日

事実

今日は面談だった。やっぱりこの年齢で実務経験なしは相当厳しいみたい。
あの面談の雰囲気では、またお断りメールが来るに違いないわ。
ああもうイヤ!! 毎回すごくみじめ……。
私の人生こんなはずじゃなかったのに!
仕事も家庭も順風満帆なA子が幸せそうでうらやましい……。

幻

「人が〜してくれればやる」と人のせいにしているうちは、なかなか自分も変わらないし、物事は好転しません。何事も「〜してくれれば」と人に期待しているうちは本当にやりたいことではないのです。

明らめる

「未経験だから ダメ」と、勝ち負け世界を設定して、勝手に負けている。そして、勝手にみじめになっている。ここをちゃんと明らめてみましょう。

なぜみじめに思うの?

私は事務をやりたいけどパソコンはろくにできないし、
請求書一枚ちゃんと作れなくて、電話応対も下手。
面接官の人は履歴書を見ながら、興味半分でいろいろ
聞いてきて採用する気なんかないくせに、
昨日は「キミは社会を知らない」とお説教まで
されちゃってみじめだし、悲しくなって帰り道に泣いた。

どうして悲しいの?

教えてくれればちゃんとできると思っているし、
何でもがんばりたいと思っているけど、会社にしてみたら教えるなら
若い子に教えて育てたほうがいいんだよね。面接官がそういうふうに
思っているのを感じるから私はチャンスさえもらえなくて悲しい。

ということは?

私は、未経験で年がいっているとすでに負け組で、
チャンスが与えられないと設定していた。
幸せになるためには、若いか立派なキャリアがないとダメだと設定している。

願い方がずれていると、叶い方もずれていく

たとえば、あなたには「セラピストになってたくさん稼ぎたい」という夢があるとします。そのために高額なスクールに通い資格を取ったとしますね。すると、「貯金が減った分、がんばって働こう」「元を取らなくちゃ」みたいな考え方をすることはありませんか？　「それちょっと待って」と思うんです。そのお金は誰かに強奪されたのですか？　自分が勉強したくて資格を取ったはずです。経験することでプラスに得ることはあっても、マイナスになったものは何もないはず。それなのに貯金通帳の残高が減ったことを気にしてしまう……。これはとてももったいないです。「セラピストになってたくさん稼ぎたい」と願っていても、減った分を働いて取り返そうという考え方だと、補填はできてもそれ以上には増えていきません。

経験を得たうえで貯金も増やしていきたいなら、そう設定すればいいのです。資格を取ったり勉強が好きな人なら、「勉強をするほど、お金もどんどん増えていく」と設定してみるのです。できるだけ貯金を減らしたくない、身銭は切りたくないという願いは、「お金のない生活をしてもいい」と考えているのと同じなのです。願い方がずれていると、叶い方もずれてしまうのですね。ですから、本当に何を望んでいるのかを知ることは大事です。「こんなはずじゃなかった」なんて文句を言うのは、叶えてくれた神様にとても失礼だと思います。不満があるのなら、自分が反省して、自分を明らめて、自分に心地いい設定に変更すればいいだけなのです。

願いが叶うルートは神様にお任せする

設定変更をとことんしたら、そのあと、私は願いを書き出します。ただ、それがどのように叶っていくかは神様や宇宙にお任せしています。

「決めた」けど、具体的な解決策は思い浮かばないときも、「すべてがハッピーになりました、最善を教えてくださりありがとうございました」「神様、最善の方法で願いを叶えてくださり、ありがとうございます」などと書いています。まだ叶っていなくても、叶ったかのように書くのがポイントです。

こうして「ルートは神様にお任せ」にしておくと、だいたいいつの間にか叶うことがほとんどです。叶っていたことに気づいたら、「叶いました！　ありがとう、ありがとう、ありがとう」など、願いごとを書いたページに追加で記入するようにしています。

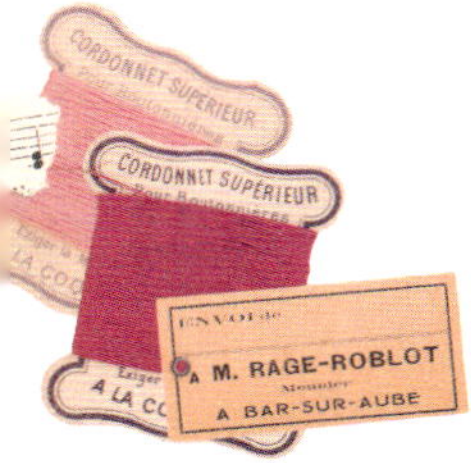

上質な素材と仕立てで本物志向の方に
大人気のお洋服屋さんに
お勤めすることができました。
ありがとう、ありがとう、ありがとう！

ステキな商品に囲まれて、
周りのスタッフもお客様も
ステキな人ばかりで
とても充実しています。
今月は売上がよくて臨時ボーナスまで
うれしいです。
ありがとう、ありがとう、ありがとう！

叶っています！
いつもありがとう、ありがとう、ありがとう！

感謝のフレーズは自分がしっくりくる表現にアレンジしてくださいね。私は赤いインクの万年筆で書くなど、色分けを楽しんでいます。

さきこ流

3行ノートを続ける極意

あなたが本気で自分を変えたいのであれば、3行ノートはきっと助けになってくれるはず。ノートを続ける極意をお伝えします！

極意

1

ノートは妥協せず お気に入りを選んで

ノートやペンは大好きなお気に入りを選ぶようにしましょう。私はモレスキンやルイ・ヴィトンのノートを愛用しています。ペンはインクの色を変えられる万年筆です。

高級なノートやペンを使っているとやっぱり大事に扱うようになりますし、向き合う時間も豊かなものに感じられます。それに、自分のネガティブな部分を全部吐き出すので、安いノートだと、ノートも自分自身もどうしようもないものに思えてきてしまうのです。だから、あえてちょっと高いなと思うものを選ぶといいですよ。

極意

2

何も書かない日が あってもいい

私は、3行ノートはできるだけ毎日書いてほしいと思っています。イラッとしたとかムカついたとか、それが1日のうちに1度もないなんて人はいないと思うのです。どうしてイラッとしたんだろう、何にムカついているんだろう、自分は何を考えているんだろう。そうやって自分に問い続けてみてください。その積み重ねが本当に自分にとって居心地のよい毎日を創造するベースになるのです。キレイに書こうとする必要はありません。そうしようと思ったとたん、本心が出にくくなります。私なんて自分でも解読不可能なくらい書き殴っていますよ。モヤッとした気持ちを頭や心の中にしまっておかないことが大切なのです。ただ、「毎日書かなきゃいけない」と面倒にならないようにしてください。空白も「書かなかった」という記録だと思って、そのページ分空けておけばOKです。

極意

3

自分に言い訳をしない

「仕事が忙しくて」「子供が夏休みで自分の時間が取れなくて……」などなど、書けなかった言い訳を言う人がいらっしゃるのですが、それは、ただ「仕事を優先した」「面倒くさくてやらなかった」というだけです。そこも明らかにしてみましょう。

言い訳をせず、ノートにひと言、「仕事が忙しいから今日は早く寝る」と書けばいいだけなのです。そうすれば、仕事に熱中することも、ノートを続けるという願いも、どちらも叶えられますね。３秒でいいから自分と向き合う習慣をつけてみましょう。意識的にそうしていかないと、人は「自分は本当はどうしたいのか？」「本当に今のままでいいのか？」ということを忘れてしまうのです。自分に言い訳をしている限り、絶対自分は変われません。

極意

4

自分で決めるからこそ、変わることができる

「ノートを書けば自分らしく生きていけるようになる」と勘違いされる人が時々いらっしゃいますが、それは違います。「自分らしく生きていく」と決めたから、そのお手伝いにノートを使うのであって、ノートや書くことはあくまでも手段です。

また、昔の私もそうだったのですが、成功者の書いた本を読めば人生が変わるなんてこともありません。そして、「この本、何の役にも立たなかった」と切り捨ててしまったり、文句を垂れるのは「人のせい」にしているのと同じ。それではいつまでたっても変わりようがありません。でも、あなたが本当に変わりたいのであれば、どんな本からも得られるものがあるはず。

自分の人生を変えられるのはノートでも本でもなく自分です。そこに気づくと、人生はあっという間に豊かなものへと変わっていきます。

Chapter 3

愛し愛されラブラブになりたい！

「恋愛＆結婚」の願いを書いて引き寄せる

イラスト＝菜々子

「ハワイで結婚式したいな～」
「リッチでステキなパートナーが欲しいな～」。
ほわんと考えているときは、
ロマンチックな気分に浸れて楽しい恋愛や結婚の願いごと♡
でも、いくら願いを書き出しても、
ちっとも出会いがなくて悶々としたり、
出会いがあっても浮気の心配ばかりしたり、お相手がいたらいたで、
なかなかプロポーズしてくれないことに焦ったり……。
「つらい・苦しい・せつない」の
三重苦のドツボにハマっているなんてこともあるかもしれません。
「つらく苦しくせつないのが恋愛」ではありませんよ！
誰かを好きになると、あなたの感情は振り子のように
激しく揺さぶられるもの。その自分の感情と
うまくお付き合いできるようになると、
恋愛や結婚はスムーズにいきやすくなります。今シングルの人も、
パートナーと冷戦中の人も、復縁や再婚希望の人も、
ノートに書き出して自分の感情に向き合ってみてください。
あなたが笑顔でいると、笑顔のステキなパートナーを引き寄せます！

1

恋愛や結婚の願いごとを
ノートに書く

2

自分の感情を見つめる

3

パートナーとラブラブになることを選んで幸せになる！

奥平亜美衣さんの

最高の恋愛&結婚を引き寄せるノート術

イラスト＝菜々子

幸せな恋愛は、自分の波動が引き寄せる

好きな人と結ばれたら幸せになれる、そう思う人は多いかもしれません。

しかし、もし念願叶って好きな人と付き合えたとしても、付き合い始めの頃はお互いとても楽しかったのに、倦怠期といわれる状態になったり、相手に不満だらけになったりすることはよくあります。実は、**願いが叶うこと＝「幸せ」ではない**のです。

たとえばたった今、あなたの大好きなテレビ番組が目の前で始まったとしたら、一瞬で幸せを感じますね。幸せ、というのは、そのように「今」ここにあるものに感じるものなのです。付き合っていても、結婚していたとしても、目の前の幸せを見過ごしていればだんだんとうまくいかなくなってしまう。出会った頃の純粋なときめきやワクワクを忘れて、怒りや苦しみといった正反対の感情にどんどん変わってしまうのです。「未来」に幸せは

Amy Okudaira

作家。兵庫県生まれ。お茶の水女子大学卒業。大学卒業後ごく普通の会社員兼主婦生活を送っていたが、2012年に『サラとソロモン』（ナチュラルスピリット）に出会ったのをきっかけに「引き寄せの法則」を知る。本の内容に従って「いい気分を選択する」という引き寄せを実践したところ、現実が激変。その経験を伝えるべく立ち上げたブログが評判になり、初の著書『「引き寄せ」の教科書』（アルマット）を出版するという夢を叶えた。2018年２月現在で著書の累計発行部数は65万部を突破。現在はバリに移住し、執筆業・講演を中心に活動中。

こんな人におすすめ

★イメージするのが苦手な人

★文章を書くのが苦手な人

ありません。今の状態が現実を引き寄せます。好きな人との関係も同様で、相手次第ではなく、今のあなたが幸せかどうかが、いつでも大事なのです。

パートナーと人生を共有することは素晴らしいことです。しかし、自分の外側や未来に「幸せ」があると錯覚している限りは、あなたが本当に幸せに満たされることはありません。

今パートナーを募集中の人も、すでにパートナーがいる人も、**幸せはいつも「今」。そして、「あなたの中」にあることを忘れないで**ください。

また、大切なことなので最初にお伝えしておきますが、あなたが本当に望む幸せな恋愛や結婚を手に入れるためにテクニックは不要です。**あなたの現実を変えていくのは、行動ではなく、いつでも波動**です。自分が幸せの波動を発していれば、必要な行動を取れるようになっていきますし、それだけが本当の幸せを引き寄せます。

私たちは、自分が幸せになるために外の状況を何とかしようとしてしまいます。たとえば、「恋人がいないと寂しいから、恋人が欲しい」とか、「周りが結婚しているから自分も結婚したい」というような思いを抱くこともあると思います。ただ、他人や外側の環境は絶対にコントロールできないので、結局のところ、まったくいいことはありません。なぜなら、それらの悩みは不満や不安がベースになっているため、結果的に不満や不安のある現実を引き寄せてしまうからです。コントロールするのはあくまで自分です。望む恋愛や結婚を引き寄せたいのであれば、自分で自分をどうやったら楽しくいい気分にできるのか、そのことだけに集中するようにしましょう。

「引き寄せ」の実践トレーニング

奥平亜美衣 著
宝島社（文庫）／2018.8／680円＋税

恋愛、お金、仕事、美と健康、人間関係など、日常生活に密接したテーマについて、数々の実践的な例を挙げ、書き込み式のワークで思考をトレーニング。誰でも引き寄せのコツを自然につかむことができるようになります。

願いの本質を知るノート

最初に、あなたにチャレンジしてほしいのは、願いの本質を知ることです。なぜパートナーが欲しいの？　どうして結婚したいの？　現状への不満と、願いの本質がごちゃまぜになっていないかを確認してみましょう。

たとえば、あなたが「専業主婦になりたい」と願っているとします。「なぜ専業主婦になりたいの？」と聞かれたらどう答えるでしょうか。

仮に、「働きたくないから」という答えが出てきたとしたら、それは「専業主婦になりたい」という願いの本質ではありません。なぜなら、専業主婦にならなくても、仕事を辞めることはできるからです。これはあなたの本当の望みではなくて、自分の置かれた現状へのただの不満に過ぎないのですね。

前述したように、不満や不安から生まれた望みは結果的に同じような現実を引き寄せてしまいます。「専業主婦になったらどうしたいのか」「どんな毎日を過ごしたいのか」というところがあなたの願いの本質です。願いは「なぜそう望むのか」というところまで考えるようにしてみましょう。

「働くのがイヤ（不満）」→「専業主婦になりたい（願い）」→「いつも家にいて家族を笑顔で迎える母親になり、穏やかな家庭をつくりたい（願いの本質）」

こんなふうに不満からの望みにも、願いの本質が隠されている場合もあります。もしこれが見つからなかったとしたら、あなたは本当に専業主婦になりたいわけではない、ということなのです。

実践!

願いの本質を知るノート

あなたの願いの本質を見つけることは本当に大切です。なぜなら、あなたの願いが叶うときというのは、その「本質の部分」が叶っていくからです。ぜひノートに書き出してみてください（今回は、恋愛や結婚をテーマにしていますので、例文もそれに沿ったものになっていますが、ほかの願いにも応用可能です）。

なぜ望むのかを考えたとき、実はそれほど望んでいなかったことに気づいたり、現状に対する不満や不安ばかりが出てきたりする場合もあるかもしれません。
今この時点ではそれでも構いません。しかし、現状が不満と不安ばかりでは、あなたの望みはなかなか叶わないでしょう。そういうときは、84ページからのベースづくりをしっかりやってみてください。

この質問から、どんな望みであっても、私たちは結局、幸福感や喜び、うれしさ、安心感、ワクワクといった感情を得たいということに気づいた人もいるかもしれません。
そこに気づくことができると「今」どのような感情でいることが大切かということがわかるでしょう。

願いの本質が叶ったらさらに何がしたいか、そこまで想像しているとき、あなたの思考はすでに願いが叶った前提で動き出します！　想像は自由です。遠慮せずに本当の望み、その本質をじっくり考え、その気分を味わい、そこから何をしたいかまで想像しましょう。

1 あなたの恋愛や結婚に関する望みを書き出してみましょう。

恋人が欲しい。

2 なぜ1を叶えたいのでしょうか？願いの本質を探ってみましょう。

人を愛し、人から愛される「幸せ」を実感したい。

3 2が叶ったら、どんな気分でしょうか？

とても安心して、満たされた気持ちになる。毎日がキラキラして楽しいだろうなと思う

4 2で書き出した願いの本質が叶ったら、具体的にどんなことがしたいですか？さらに想像してみましょう。

恋人と一緒に緑豊かな公園をゆっくり散歩したい。
ディズニーシーでヴェネツィアン・ゴンドラに乗ってロマンチックな気分に浸りたい。

このノートにより、
あなたの願いの本質は
しっかりと宇宙に届けられます！

Amy's advice

あなたの本当の望みは、あなたにしかわかりません

パートナーを得ること＝幸せではない

もしあなたの願いに対して、「願いの本質」を考えてもなかなかたどり着けないとき、それはあなたの本当の願いではなく、他人からの評価や、世間の常識などに影響された仮の願いになっていないかというところも、じっくり確認してみてください。

たとえば、女性は恋愛や結婚が人生の大きな目的やゴールになってしまいがちです。しかし、結婚したからといって、必ず幸せになるとは限りません。それは既婚者であれば誰しもわかっていることですが、結婚前の段階では気づきにくいところかもしれません。

結婚後も末永く幸せが続くカップルももちろんいます。しかしそういう人たちは、結婚したから幸せになったわけではなく、結婚してからも自分自身を大切にし、お互いを尊重し合って二人の生活を楽しむということを意識的にしています。だから幸せなのです。

パートナーを得ること自体は、人生の目的にも幸せにもならないのです。

確かに、一人より二人のほうが楽しいことはたくさんあります。食事をシェアしたり、二人でコメデ

ィを観ながら大笑いしたり、イベントに出かけたり……。喜びを分かち合えることが、パートナーと共にいる意義でもあると思います。

とはいえ、まずパートナーの有無に関係なく、あなたはあなただけで幸せになれる存在であり、「自分一人でも、これだけ人生が充実して楽しい！」という状態をつくっていくことが先です。誰かに幸せにしてもらおうと思わなくなった頃に、あなたにとって最高のパートナーが現れるでしょう。

結婚できる、できないで考えてない？

また、自分は結婚したいという望みを持っているけれど、たとえば、「私はもう年だから結婚できない」と思い込んで、本当の望みにフタをしてしまっているようなことはないでしょうか。

いくつになっても結婚する人はいますし、心からパートナーが欲しいのなら、年齢はまったく関係なくいくつになっても求めていいと思うのです。

あなたの望みは、たとえそれが今この時点で実現不可能に思えても構いません。どのような方法で叶っていくかは、今の時点では誰にもわからないのです。

本当の望みを知るためには、「できそうか、そうではないか」という問いかけは、一度忘れましょう。

望みに対して、「できる、できない」で考えてしまうと、「できる＝よいこと」「できない＝悪いこと」という善悪の判断が優先されてしまい、本当の望みは置き去りなってしまいます。できる、できないという考えから自由になって、あなたがしたいと思うこと、そうなれたらどんなに幸せだろう、楽しいだろうと思うことを望んでいいのです。それがあなたの本当の望みなのです。

引き寄せベースづくり❶ ワクワク探しノート

次にあなたにチャレンジしてほしいのは、自分自身の引き寄せ力を磨くことです。ハッピーな恋愛を引き寄せたいなら、自分がハッピーであることが欠かせません。日常の中にたくさんあるワクワクに気づくトレーニングをしてみましょう。

ワクワクする感情は、望む未来を引き寄せるためにとても重要です。今感じるワクワクが、次のワクワクを引き寄せてくれるのです。

ワクワクを見つけるといっても、毎日お出かけしたり、新しいことを始めたりしなくてはいけないわけではありません。今あなたの目の前の生活の中からワクワクを見つけて、可能な範囲で実行すれば十分です。

また、「ワクワクすることしかしない」というわけでもありません。高い波動を保つことは、1日だけやっても意味はありません。無理のない範囲で毎日続けることのほうが大事ですから、あなたの日常のルーティーンの中に、ちょっとだけワクワクする楽しみをプラスするようなイメージで考えてみてください。

たとえば、「毎朝駅前のカフェでブレンドコーヒーを買っているけれど、新作のラテにしてみる」「いつもとは違うスーパーで買い物してみる」「シャワーで済ましている日が多いけど、好きな入浴剤を入れてゆっくりお風呂に浸かってみる」といった感じです。

ステキな恋愛を叶えたいと思っている人は、「彼とデートすることがワクワクすることで、それ以外はつまらない」など、相手ありきでワクワクを見つけ出そうとしてしまうかもしれません。その気持ちもわからなくはありませんが、まず自分が先にワクワクした波動を出していることが、ワクワクしたデートにもつながっていきます。一人の自分を幸せにすることを優先して行ってみてください。

実践！

ワクワク探しノート

あなたの日常のワクワクに気づくレッスンをしてみましょう。

探してみると、ワクワクすることは意外と簡単にできることだったりしませんか？　旅行に行くとか、ディナーに行くなどイベントこそがワクワクだと思ってしまいがちですが、実はあなたの周りはすでにワクワクであふれています。お金をかけなくても、楽しいこと、素晴らしいこと、美しいもの、かわいいものを発見できるのはとても豊かで波動が高い証拠です。

1　最近あなたがワクワクしたことを小さなことでもいいですので、書き出してみましょう。

- 好きな小説家の新刊が出ていた。
- 好きなチームの野球の試合を観に行った。
- 好きなブランドの新作のワンピースがステキだった。
- 行きたかった舞台のチケットを取った。
- なくしたと思っていたピアスが見つかった。

ワクワクに大きい、小さいの差はありません。どんなワクワクでもちゃんと次のワクワクにつながっていきます。ただ、次はどんなワクワクが来るかなと、あまり期待しないようにしましょう。「今」というこの瞬間にあなたがワクワクを感じていることが最も大事です。

2　今日一日の中であなたができる「ワクワクすること」を探してみましょう。書き出したとおりに実行してみましょう。

- ヘアアレンジを変えてみる。
- 会社帰りにヨガに行く。
- 会社のそばにオープンしたイタリアンにランチに行く。
- カレーを作る。
- 楽しみにしている連ドラを見る。

感謝上手は引き寄せ上手♡

ワクワクと同様に日常の中で「感謝できること」を探してみると、よりあなたの波動は光を増すでしょう。でも、「だったら、すべての物事に感謝すればいいのね」という考えは大間違い。本当に心から感謝していることが大切です。たとえば、家庭でも職場でもあなたは多くの人に支えられています。それに気づくことができると多くの感謝を見つけられるでしょう。

引き寄せベースづくり②

「いい気分でいる」ためのノート

さらにあなたの引き寄せ力をピカピカに磨くレッスンとして、「毎日いい気分でいる」ことに注目してみましょう。

あなたが今いい気分にならなくては、決していい現実を引き寄せることはできません。前のページでワクワク探しをしたように、常に「いい気分」でいることを選んでいけるようにしましょう。

しかし、人はいつでも前向きでいられるわけではありません。ムリにポジティブになろうとすると、逆に「そんなのムリに決まっている」と反発したくなったり、心が疲れてしまったりして、ネガティブな感情が出てきてしまうことにもなります。あくまで、できる範囲でポジティブに、いい気分を選択するようにしましょう。

ワクワク探しをするのと同様に、こちらも「いい気分」でいるために現状を大きく変えるようなことをする必要はありません。

ラグジュアリーホテルのラウンジでお茶をするようなことは、いい気分になって楽しいかもしれませんが、毎日それができる人ばかりではないと思います。それよりも、今より少しだけ気分のよくなることを現状の中に見つけ出せばOKです。

たとえば、恋人が欲しいのにできない状態が不安で寂しいと感じているとします。しかし、「何をしても恋人がいないから、つまらない」となっていては、いつまでも物足りなさや孤独を感じる状態から抜け出すことはできません。「今恋人はいないけれど、それなりに毎日充実している」「恋人はいないけれど、勉強に集中できる」というふうに自分の心が納得する範囲でいい気分の側面を見ていくようにします。そうすることで、いい気分の好循環が生まれて、「ステキな男性を紹介された」など、うれしい引き寄せが起こってくるのです。

実践！

「いい気分でいる」ためのノート

現状に不満を抱えたままで、いきなりいい気分になることは誰でも難しいものです。どんな不満を持っているのか、書き出すことから始めてみてください。

このように、「あれはイヤだわ」「ああなりたくない」というところから、「自分はどうしていきたいのか」と思考を転換していけるようにクセづけができると、不思議なことに「不愉快」と感じることが少なくなり、どんどんいい現実を引き寄せるスピードがアップします。

不満の裏には、必ず本当の望みが隠されているものだと私は思っています。
不満や心配事に支配されていてもいいことはありません。不満から脱却するために、がむしゃらに行動する必要もなく、自分がすでに持っている「いい気分」になれるものに気づくことが大切です。

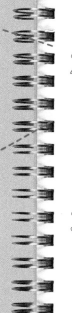

1 今あなたが抱えている不満や悩みは何でしょうか？

彼氏が欲しいけど、仕事が忙しすぎて
出会いがないのが不満。
このまま年を取っていくばかりなのも不安。

2 なぜ1のように思うのでしょう。あなたはどうなればその不満が解消されると思いますか？本質を探ってみましょう。

なぜそう思うかといえば、たぶん職場の先輩の
女性たちがおひとり様ばかりで、
「仕事ばかりしているとこうなるわよ」と
言われているからかもしれない。ああなりたくないと
思ってしまう。でも結婚して仕事と両立している人も
いるのだし、私はそちらを目指したい。
プライベートも仕事も充実した人生にしていきたい。

3 現状で、少しでも「ここはいいな」と思えるところを見つけて書き出しましょう。

女性でもバンバン出世できる会社である。
育休や産休もちゃんと取れる職場環境である。
忙しいけれど、仕事から学べることがあり、
また、知り合いも増える。

毎日いいこと探しをしてみましょう

自分の不満をいい気分に転換することをクセにするのと同時に、日常でも小さないいこと探しをやってみましょう。「今日もスッキリ晴れて気持ちがいい」「お土産のどらやきがおいしかった」「一本早い電車に乗って帰宅できた」など、ちょっとラッキーだと思ったことを手帳などに書き出してみると、いいことを引き寄せる力がグンと上がります。

亜美衣流

思考トレーニングノート

~恋愛&結婚編~

最高の恋愛を引き寄せる考え方のコツ

ここからは一歩進んで、日々をさらにいい気分で過ごすために、実際に恋愛や結婚に関するあなたの思考を見ていきます。具体的なシチュエーションを挙げながら、書き出すことで引き寄せ体質になる方法をお伝えしていきましょう。

実践していただく前に、引き寄せが加速する考え方のコツについてお伝えします。

ひとつ目は、幸せな恋愛を引き寄せるためには、日常生活のどんな場面においても「自分主体で考えること」と「物事のポジティブな面を見ること」が大事だということです。

仕事、子育て、人間関係……。生きていればいろいろ起こりますから、イヤなことがあって当たり前だと思っている人が多いでしょう。

たとえば、あなたが社内で片思いしている男性がいるとして、会社の前で彼が女性と仲良さそうに話しているところを見て落ち込んでしまうこともあるかもしれません。そういうとき、頭の中が嫉妬やイヤな気持ち一色になってしまった場合、それで終わらせてはいけません。「イヤな気分になった」「くやしくてたまらない」というだけでは、あなたにとっていいことは何ひとつないのです。だからゲームのように自分で自分をいい気分にすること、幸せにすることをしましょう。イヤな気分を引きずらないように、好きなコーヒーショップに行ってみたり、キレイな空を眺めに行ったり、簡単な気分転換をします。一番いい方法は、気にせずに流すことです。「あの女性は彼女だろうか？」「ああいう女らしい人がやっぱり好みなのかな」と深読みしてモヤモヤを増やすのは、百害あって一利なしです。もしその女性が彼のクライアントであったら、彼が感じよく接するのは当然ですよね。取り越し苦労は、不安や不満を引き寄せるもと。とにかくモヤモヤはスルーするか、積極的な気分転換をすることです。

幸せに条件はありません

もうひとつ、幸せという言葉の定義について、押さえておきましょう。

「結婚したら幸せ」など、「パートナー」と「幸せ」はイコールではないと前述しました。だからといって、「お金持ちの恋人がいたら幸せ」とか、「イケメンの彼氏ができたら幸せ」といった望みを否定しているのではありません。むしろ自分の人生に多くを望むことは素晴らしいと私は思っています。

しかし、「これが手に入らないと幸せになれない」と思っているとしたら、間違いです。繰り返しますが、あなたが「幸せ」を引き寄せるのは、あなたが自分で「幸せ」になったときだけだからです。何かしらの条件付きの幸せは本当の幸せではなく、幸せそうな幻想なのです。また、今十分に幸せと認めたら、これ以上の幸せを引き寄せられないのでは？　と思う人もいるでしょう。それは違います。あなたが幸せな状態であれば、さらに大きな幸せにアクセスできます。幸せに限度はありません。

実践！

あなたにとって最高の恋愛&結婚を引き寄せるためのノート

それぞれの質問に対して「私ならこう考える」「私ならこのように行動する」という答えを書き出しましょう。箇条書きでも文章でも構いません。
今回は、答えに対して、私が添削をしてみました。引き寄せ的な考え方のコツをつかんでいただけたらと思います。

1 今あなたが抱えている不満や悩みは何でしょうか？

パートナーがいなくても、
毎日それなりに楽しいこともあるけれど、
告白されて彼氏ができた友達を見ているとうらやましいし、
私ってやっぱり魅力がないのかなと思う。

Amy's advice

パートナーがいる・いないに限らず、毎日楽しいと思えることがあり、それに気づいていることはとてもいいことですね。

あなたがうらやましいと思っている友達の魅力はどこにあると思いますか？　優しいところ？　笑顔がステキなところ？　友達であるというのは、少なからず似た波動を持つ者同士だということですから、あなたが気づいていないだけで、あなたも彼女と似た部分があるのだと思います。ここで考えてほしいのは、あなたにも必ずステキな魅力がありますから、ぜひ自分のいいところを探し出して気づいてほしいのです。自分をほめることは慣れるまで恥ずかしいし、難しいかもしれませんが、たとえば「肌がキレイだね」「服のセンスがいいね」と人からほめられたことを思い出してみたりするのもおすすめです。

「自分にも魅力がある」と認めて、自分を肯定していけるようになると、引き寄せ力は飛躍的に高まります！

2　周りの人に「一人で寂しくない？」と心配されました。どう答える？

そうね。寂しいなと思うこともあるけど、
きっとベストタイミングでステキな人が現れると思ってるの。

Amy's advice

とてもいいアンサーだと思います！　おっしゃるとおりで、宇宙はあなたにとって最適なタイミングであなたにベストな人や物、出来事を用意してくれます。本来、この宇宙の法則に従っていれば、「このまま一生一人だったらどうしよう」「何歳までに結婚しなくちゃ」などと考えることは不毛でしかないのです。今の自分を楽しむことがすべてなのです。

3　あなたには好きな人がいます。その人に対する思いを書き出してみましょう。

○○君のことが大好きです。
スポーツが万能なところや、穏やかな話し方が好きだな。
ヘアスタイルもいつも清潔で、かっこいい！
素晴らしい人を好きになれて私は幸せ。
○○君が私のことを好きになってくれたらいいのにな。

Amy's advice

ラストの一文は、自分主導ではなく、誰かに何かをしてもらいたいという他人への要望です。このような気持ちが残っている間は、なかなか幸せは引き寄せられません。他人はコントロールすることができないということを思い出してくださいね。

好きな人のことを思うときは、ただ「好き」という気持ちに浸るだけでさらなる幸せを引き寄せることができます。

相手に何かを期待してしまうと、「この人と付き合えないと不幸」など、条件にあなたの幸福が左右されることになり、引き寄せ力も下がってしまいます。

パートナーへの不満解消ノート

パートナーができたら自動的に幸せになるものではありません。パートナーができたあとも幸せが長く続くコツをお伝えしましょう。

念願叶って恋人ができたり、好きな人と結婚したりしても、二人の関係が安定してくると、付き合い始めのドキドキやワクワク感は減って、多くのカップルは安定した愛情関係に変わっていくものです。

そうなると、初心を忘れがちになり、相手への不満がムクムク出てくることがよくあります。

「最近は大事にされている気がしない」「私のことはもう飽きちゃったのかな」と思い悩んでしまう方もいるかもしれませんね。夫婦であったら、「私ばっかり家事や子育てをしている」というのは必ずといっていいほどぶつかる壁かもしれません。

共に生活を始めると、家計はどうするか、子供の教育はどうするか、今度の週末はどこに行くかなど、何かと共同で行うことが増えるため、相手に対する要求は、どうしても増えてしまいます。

「私は家族のためにこんなにやっているのに、パートナーは何もしてくれない」など、「パートナーが何かをしてくれた、してくれない」ということばかりに気を取られて、イヤな面ばかり見てしまうのです。私も引き寄せの法則を知る以前は相手に期待して、もっと家事に協力してほしいと思っていました。

やはり、相手が行動してくれることを期待するよりも、家庭内でも自分がいい気分になることをして、意識して波動を高めておくことがあなた自身の幸せにつながります。

実践! パートナーへの不満解消ノート

いつまでもパートナーへの不満ばかりを見ていたり、あら探しをしていてはあなた自身が幸せになることもなければ、彼が改心して家事を手伝いだすということもありません。相手をどうこうしようという思いは、金輪際捨ててしまいましょう。相手のよいところを見つけ、自分がどうしたいか考えていくことです。

1 パートナーへの不満がムクムク。何が不満か書き出してみましょう。

自分は仕事で忙しいと言って、家事一切を私任せにする。
しかも、料理に文句をつける!
自分だってずいぶんとお腹が出てきたくせに、
私のことを太った太ったと言って笑う。
子供の前で、ずっとスナック菓子を食べ続けながら
テレビを見ている。示しがつかないじゃないの。

2 パートナーへの不満はあるとして、
いいところもありませんか? 見つけて書き出してみましょう。

仕事は一生懸命してくれて、
毎月きちんとお給料を入れてくれるところ。
健康で病気をしないところ。
時々家族を旅行に連れていってくれるところ。

少しでもやってくれていることがあったら、そのことについてしっかり感謝の気持ちを伝えてみてください。大げさなくらい喜んで感謝すると特に男性は喜びます(笑)。

3 1~2を経て、不満を解消するために自分は
どうしていったらいいでしょうか。考えてみましょう。

がんばっている自分をほめよう。
家事をがんばりすぎない。
手抜きする日もあっていいと考えてみよう。

「子育ても大変。家事も大変」と大変、大変となっていると、大変な状況から一向に抜け出すことはできないということは、もうわかりますよね。イヤなことや苦手なことを無理やりすることはないのですが、それでは生活が回らなくなってしまうのが家事の大変なところかもしれません。もし苦手な家事があったら、楽しむ工夫をしてみましょう。食器洗いが苦手だったら、食洗機を導入するのもいいですし、お風呂掃除が嫌いだったら、よく落ちる洗剤をいろいろ試してみるのもいいと思います。「こんなにキレイになった!」「早く片付けが終わった!」とうれしい気分になれたら、苦痛だったことも忘れてしまいます。

あなたに魔法をかける「美」の引き寄せノート

「パートナーにキレイと言われたい」と思うのはもちろん、「もっと美しくなりたい」「ずっと美しい人でいたい」という願いは女性の永遠のテーマですね。美しさも引き寄せで可能です。

あなたは、美しさの正体とはいったい何だと思いますか？　美というものも、やはり波動なのです。生まれ持った顔の形やスタイルに関係なく、「キレイになりたい」という気持ちさえあれば、あなたも必ずキレイになって、美の波動を放つことができるようになります。

驚く人が多いかもしれませんが、私は美の引き寄せこそ、最優先すべきだと思っています。なぜなら、その人本来の魅力が花開くと、引き寄せは加速していくからです。女性は美しくなることで、自信が高まったり、行動的になったりして、恋をする自信もついてくるものですよね。

そもそも世の中の多くの人が「キレイになりたい」と思う理由は、正直なところモテたいからではないでしょうか。「モテ」という言葉に抵抗がある場合は、「人気がある」としてもいいかもしれません。私は「モテたい」と思うことは決して悪いことではないと思っています。人からモテる人気者は、人からよくしてもらえる機会に恵まれますすね。そこには、たくさんの恩恵があるからです。恋愛に限らず、仕事もお金もすべては人とのつながりで成り立っています。人との関係に恵まれると、あなたの周りは常に愛と調和に満ちた状態になります。

美の波動を出す。たったそれだけで、人生のすべてが好転していくのです。

実践！

自分のチャームポイントを見つけるノート

美の引き寄せを実現したいなら、あなたがあなた自身をしっかり見ることは避けて通れません。外見にコンプレックスがある人ほど、鏡を嫌う傾向があります。欠点ばかりが目につくからですね。でも、外見に自信がない人ほど鏡を見てください。自分を見るということは、自分を愛することでもあるのです！　鏡をよく見ないというのは、自分を見ないように避けている、自分を嫌っているということになるからです。また、「自分の目が嫌い」「自分の太い脚が嫌い」という思いを抱き続けていると、それが現実に反映して、「あなたって○○ね」と外見に関して人から指摘されてイヤな思いをするなんてことにもなりかねません。

「(嫌いなところ)」だけど、「(好きなところ)」はキレイ！

こんなふうに、イヤな部分とは別にいいと思える部分を見つけることで、鏡を見て不満100％になっていた頭の中から、不満の割合をどんどん減らしていい気分を増やしていきましょう。

「メイクのノリはイマイチ」だけど、

「ヘアスタイル」はバッチリ！

「ぽっちゃり」だけど、
「ツヤツヤお肌」はステキ！

「顔がむくみ気味」だけど、
「アイブロウの形」はキレイ！

部分的だったり、細かいことでもいいので自分が本当に「いいな」「キレイだな」と実感できることをピックアップすることで美しさの波動は強く放たれます。「私はキレイ」「私はかわいい」と何度も唱えたりするより効果的です。

Amy's advice

キレイになりたいのに、なれないのはなぜ？

これまで容姿をバカにされたことがあったり、「自分には価値がない」という思いを抱き続けたりしてきた人は、潜在意識で願いの実現をブロックしてしまっている可能性があります。「キレイになりたい」と思っても、「どうせ私なんてムリ」など、潜在意識が本当の望みにフタをしてしまうのです。

その代表的な例はダイエットかもしれません。これまで何度もダイエットに挑戦し、大金を費やしてきた。でも、お約束のようにリバウンドを繰り返してしまっているという場合、「私は一生やせられない」などと強く思い込んでいるのかもしれません。潜在意識レベルでそう信じていたら、「今度こそ！」と思っていくらダイエットにチャレンジしても、あいにくやせたり太ったりを繰り返す結果を引き寄せ続けてしまうでしょう。

ダイエットに限らず、「下半身が太い」「目が小さい」「顔が大きい」「足が短い」といったことも同様です。他者から見ると、決してそんなこともないのに、小さい頃から続いている思いグセが根強くて、ブロックになってしまっていることも多いものです。

いきなりそのブロックをいっぺんに外すことは難しいですが、自分の理想の美しさに近づくためには、潜在意識の抵抗を少しずつでも取り除いていくことが大切です。

実践!

キレイを邪魔するブロックを外すノート

あなたの潜在意識にあるブロックを緩和して、あなたの美しさを引き寄せるレッスンをしてみましょう。以下の4つについて書き出してみてください。

今の自分を基準にすることなく、なりたい自分の姿を素直に書いてみましょう。

2と3の答えを比べてみてください。きっとあなたの思いが大きいほうが現実化しています。

この場合、ミニスカートが似合う体型になるよりも、食事制限や脚のマッサージをしなければならないことが苦痛になっているようです。これがあなたの願いのブロックになっているのですね。

3で見つかったブロックを緩和することを考えないと、いつまでも1の望みは実現しません。具体的に改善策を考えることで、1の望みを実現する可能性が高まります。

1 どんなルックスになりたいですか?

あと5キロやせて、
脚を細くしたい。

2 1のような自分になったら、どんな気分?
どんな幸せを感じるでしょうか?

ミニスカートが似合うようになってうれしい。
スリムなデニムも着こなせて
いろいろなおしゃれを楽しめそう。

3 1を実現するためには
何が大変そうだと思いますか?

大好きなお菓子を我慢して、
食事制限しなければならないこと。
脚を細くするためにマッサージも必要だと思うけど、
挫折しそうな気がする。

4 3の「大変だな」「できないかも」と思っている
不安を解消するために今できることは?

探してみたらお菓子を無理やり我慢しなくても、
ダイエットスイーツや、
ドライフルーツでストレスフリーに
お菓子を控えられるかも。
脚のマッサージは、大好きなバラの香りの
オイルでやってみようと思う。
気持ちがよければ続けられそう。

水谷友紀子さんの理想のパートナーを引き寄せるノートの魔法

イラスト＝鈴木紗英子

理想のパートナーもあなたの思いどおり！

私はコーチングやセミナーを通して、皆さんからご相談を受ける機会が多いのですが、人生で本当に重要なものは、そんなに多くないものです。どう考えても、「望みどおりの仕事」「人間関係」「豊かさ」「健康」「パートナー」くらいだと思います。

中でも、「理想のパートナーと出会って結婚したい」という女性のご相談が減ることはありません。「好きな仕事をしているし、経済的にも不自由ないけれど、やっぱりパートナーが欲しい」と私のところに相談に来られる有能な独身女性は実に多いのです。

この本を手にされている方は、引き寄せの法則についてすでにご存じの方が多いでしょう。引き寄せの法則とは、ひと言でいえば「私たちの思考は現実化していますよ」ということで、パートナーについても当然のごとく働いています。あなたがどのような人と出会

こんな人におすすめ

★パートナーを探している人

★今のパートナーに対する自分の気持ちを確かめたい人

Yukiko Mizutani

ハートのコーチ。「引き寄せ」の達人。著述家。1963年、神奈川県生まれ。ミズーリ大学ジャーナリズム学部卒。国会議員公設秘書、市議会議員（２期）などを経験。2011年に出版された処女作『誰でも「引き寄せ」に成功するシンプルな法則』（講談社）がいきなりベストセラーとなる。現在は、執筆活動のほか、講演、セミナー、個人コーチングなどで全国を飛び回っている。

い、どのような恋愛をするのかということも、すべてあなたの思考や創造力が決めているのです。

つまり、好きな仕事をして経済的にも満足しているけど、パートナーができなくて悩んでいる女性たちは、「仕事やお金には困らないけど、パートナーを得ることは難しい」と思い込んでいるのです。実際の彼女たちは、とても魅力的な方ばかりなのに、**心の中で「私は恋愛下手です」とか、「私は男運がない」などと、自分で自分にネガティブなレッテルを貼っていて、その思いどおりの結果を引き寄せている**のですね。

パートナーが欲しいのに、なかなか現れないという方にやっていただきたいことがあります。第一に、**望みをノートに書き出してはっきりさせる**こと。次に、ビジョンボードといって**ノートに書き出した望みを視覚化するツールを用意する**ことです。

私は引き寄せの法則でこれまでさまざまな望みを叶えてきましたが、最も大切なことは望みをひとつ定めて、ビジュアライゼーション、つまりイメージをすることなのです。「理想の男性と○○ホテルで挙式したい」「新婚旅行はモルジブに行きたい」と思ったとき、あなたの脳裏にはそのホテルの広々としたロビーやモルジブの青い海が一瞬でも浮かびませんか。その**頭に浮かんだイメージが鮮明で、自分にとって当然のこととしてイメージできればできるほど、願いは引き寄せやすくなる**のです。ただ、イメージすることが苦手とおっしゃる方も多くいらっしゃいます。そういう方にこそビジョンボードは大きな助けになるでしょう。視覚化された願いがダイレクトに潜在意識に届くからです。

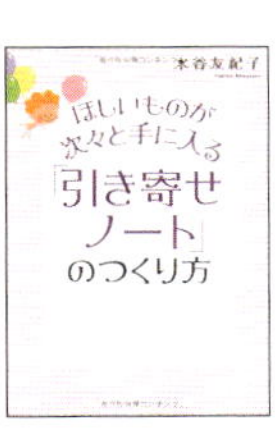

ほしいものが次々と手に入る「引き寄せノート」のつくり方

水谷友紀子 著
大和出版／2012.11／1,300円＋税

進学、結婚、お金という3つの望みをいっぺんに叶えた水谷さんの引き寄せ術は、ノートに「書く」ことから始まりました。わかりやすく、気軽に始められるコツが凝縮された一冊です。

理想のパートナーを引き寄せるには？

多くの方が「ステキなパートナーが欲しいな」「結婚したいな」と思っていながら、ただ漠然と思っているだけだったりするようです。

あいにく、なんとなく「～したいなあ」と思っているだけでは、いくら考えても何も引き寄せられません。下手すると「～したい」という状況そのもの、つまり、望みをいつまでも指をくわえて見ているという状況ばかりを引き寄せてしまいかねません。

あなたが恋人募集中の友達に「どんな人がいいの？」と質問したとして、「ステキな人がいいな」と返ってきたら、「ステキって言われても……」とちょっと戸惑いませんか？

「ステキ」という言葉は抽象的で、誰かの思うステキとあなたの思うステキが違うことは多々ありますよね。では逆に、あなたが誰かに同じ質問をされても大丈夫でしょうか？「会話上手で立ち居振る舞いがスマートな人がいい」とか、「普段は寡黙だけれど、いざというときは男らしく行動してくれる人がいい」とか、理想のパートナーの人となりや雰囲気を具体的に伝えられるでしょうか。もし自信がない人は、理想のパートナーについてきちんと考えて書き出してみましょう。

私は20年近く前に、引き寄せの法則の本を読むまで、自分の望みを何かに書き出したことはありませんでした。でも、その本に書かれていたとおり、ノートに願望を書き出したところ、自分の望みがはっきりわかって驚きました。しかも、そのとおりの現実を受け取りました。

ぼんやりした思考はぼんやりした結果を引き寄せる

私が初めてノートに書き出した望みは、「ミズーリ大学のジャーナリズム学部で勉強すること」「パートナーと出会うこと」「留学費用として100万円を手に入れること」の3つです。私はこの3つをほぼ同時に引き寄せました。

私のパートナーとなった男性はアメリカのミズーリ州出身で、なんとミズーリ大学のそばに実家があったという、宇宙の取り計らいとしか思えない奇跡的な巡り合わせでした。そして、私たちが結婚する運びとなると、私は父からお祝い金として100万円を手渡されたのです。その資金のおかげで、渡米してミズーリ大学への留学の夢を叶えることができました。

ただ、そこまでは順風満帆でしたが、パートナーがどういう人であるかとか、自分がどんな夫婦関係を築いていきたいのかということまで詳しく書き出していませんでしたから、あいにく私たちはだんだんとすれ違ってしまうという結果になりました。

こんなふうに「ああ、もっと詳しく書けばよかったな」という失敗は小さなことから大きなことまで私も経験しています。だから、どんな人がいいのか、理想のパートナーはできるだけ具体的に書くほうがいいというのが私の考えです。引き寄せの法則では、あなたの発信する思考の質とその結果の質はいつも同じようになります。あなたの思考がぼんやりしていると、引き寄せるものもぼんやりした結果になります。そのことを忘れないでくださいね。

理想のパートナーを書いて引き寄せるしくみ

STEP 1　水谷式 理想のパートナーのリストアップ♡

理想のパートナーを書き出しましょう。二人で何をしたいかも書き出すように。

STEP 2　ノート版ビジョンボードを作る

雑誌の切り抜きや写真などの資料を集めて、ノートにビジョンボードを作りましょう。

STEP 3　ビジュアライゼーションをする

ビジョンボードで作った世界が実現したように、具体的にイメージしてみましょう。

＊ノートは定期的に見直しましょう。

STEP 1

水谷式 理想のパートナーのリストアップ♡

落ち着く時間をつくって、あなたがどんなパートナーを望んでいるか、片っ端から書き出してみましょう。気をつけてほしいことは、自分の容姿や年齢、仕事や才能といったことが、相手とつり合うか？　などと考えないことです。「彼氏いない歴○年だし」とか、「かわいくないし……」などと思っていると、とても素直な気持ちにはなれません。

あなたは子供の頃、自分のことは抜きにして、クラスメイトのスポーツ万能な男の子に「○○君大好き！」と憧れたり、テレビのアイドルに夢中になったりした経験はありませんか？　そういう、純粋に「大好き！」「かっこいい！」という気持ちはエネルギーがとても強く、潜在意識にすーっと届きます。

思考の世界に制限は必要ありません。心の奥から「こんな人と一緒にいられたら幸せだな」と思える相手を思いっきり考えてみましょう。

具体的なイメージが浮かびにくい方は、❶と❷の質問に答えるようにしてみてください。次々に書き出せるようになってきます。

❶どんな人が理想ですか？

「どんな性格？」「年齢は？」「どんな容姿？」「どんな仕事をしている？」「雰囲気は？」。

すべて書き出してみましょう。その中から特に外せない要素を、5〜6個絞り込みましょう。

なお、理想のパートナーの顔の特徴はムリに挙げなくてOKです。好きな芸能人に置き換えて考えたりしないでください。

❷あなたは理想のパートナーと出会うことができました。二人でどんなデートをしたいですか？

「初めてのデートはどこに行く？」「あなたはどんな服を着ていく？」「二人で何を食べる？」。

憧れのデートを楽しんでイメージしてみましょう。

1 書くときは、現在形、または現在完了形で。

2 自分の現状は関係ありません。どんな理想も素直に書き出しましょう。

私の理想のパートナーはこんな人♡

- いつも優しく、笑顔が多い。
- 私の話をよく聞いてくれる。
- 頼りにできて、尊敬できるかっこいい人♡
- 背は170センチ以上、中肉中背。
- 一緒にマリンスポーツを楽しめる。
- 清潔感がある。
- ごはんをおいしそうに食べる。
- 前向きで明るい。
- 年収は私よりも高い。
- 年齢は私より5歳まで年上。

二人で行きたいところ♡

- 二人でユニバーサル・スタジオを満喫する。
- 横浜中華街で食べ歩きをする。
- おうちでまったり映画を観て過ごす。
- 北海道の美瑛でお花に囲まれて彼とお散歩。気持ちいい～☆
- 湯布院の温泉で紅葉を見ながらゆっくり。幸せ～♡

3 「これは絶対」というものを5～6個絞り込んでみてください。あなたがいつ誰に聞かれてもすぐ答えられる要素しか宇宙にちゃんとオーダーできません。20個でも30個でも覚えられる人はそれでもOKです!!

4 好き！　かっこいい！　気持ちいい！　幸せ～といった感情を表す言葉を添えるのも◎。書くということは、自分をその気にさせて喜びの気分を倍増して味わわせてくれるという効果もあります。

気をつけて！NGな書き方

✖ こういう人だといいな～、○○に行きたいなあ、はNG。望んでいるだけの状況が続いてしまいます。

✖ 言葉の中に否定形は入れないようにしましょう。「浮気をしない人」と言いたいときは、「私にぞっこんで夢中の人」と言ったほうがワクワクしませんか？　「無駄遣いしない人」と言いたいときは、「貯金上手な人」などとするほうがベターです。潜在意識は否定形を理解しないため、「浮気」「無駄遣い」という部分を現実化してしまうこともあるからです。

STEP 2

ノート版ビジョンボードを作る

理想のパートナーや彼と一緒に楽しみたいことをリストアップしたところで、いとも簡単にイメージできるものばかりだったらいいのですが、そうでないこともあるでしょう。

たとえば、ハワイのチャペルで挙式すると書いたけれど、実際にハワイに行ったことがないとか、かわいいウエディングドレスを着ると書いたけれど、まだ「これ」というものを決めかねているような場合です。恋愛や結婚のことに限らず、実際に経験していないことはイメージができないとか、「私は創造力が乏しい」と思い込んで、イメージするのが苦手になっている方も時々いらっしゃいます。

ただ、それは自分の中にイメージするための資料が足りていないがために、創造力に火がつかないだけだったりするのです。そうでなければ、人間は新しいことなんて何ひとつ経験することも、つくり出すこともできませんよね。

自分の頭の中にイメージを想起させるストックがないなと思ったら、積極的に資料集めに励みましょう。私もそうしているのですよ。

先の例であれば、旅行会社から頂ける海外挙式のパンフレットや、『ゼクシィ』のようなウエディング専門誌を見れば、結婚にはどんな準備が必要かが手に取るようにわかるはずです。

彼とのデートに着ていきたい服や、プレゼントしてもらいたい指輪など実際ショップに探しに行ってみるのもいいですね。

そのとき、試着ができるようだったら、迷わず試しましょう。そのほうが実際手にしたときの喜びの感覚をより実感できるからです！

LET'S TRY!

理想のパートナーを引き寄せる ノート版ビジョンボードの作り方

雑誌の切り抜きなどの資料を集めたら、ビジョンボードを作ってみましょう。私は大きめのコルクボードを買ってきて、お気に入りの切り抜きや写真を貼り付けてコラージュ。部屋の中の目に留まりやすいところに飾っています。同様にノートをビジョンボード化するのもおすすめです。ノートならどこにでも持ち運びができて、ちょっとした空き時間にビジュアライゼーションをするのにも役立ちますね。

POINT 1

ノートの場合は、コルクボードより小さいですから、1ページ1テーマでタイトルをつけ、それに関連する切り抜きやイラストなどを貼ってみるとよいでしょう。

POINT 2

「センスがないからうまく作れない～」と言うのはもったいないです。ノートなら誰に見せるものでもありませんから、自分流でいいのです。

POINT 3

写真やイラストだけでは自分の思いが十分に表現できないと思ったら、言葉も書き込んでみましょう。

材料

●ノート　●ビジョンを書くためのペン　●のりやテープ　●理想のパートナーリスト（103ページ）
●自分のビジョンに近い資料（切り抜き、イラスト、コピーなど）

ノート版ビジョンボードの例

STEP 3

ビジュアライゼーションをする

ビジョンボードができあがったら、私が望みを叶える最強の方法だと思っているビジュアライゼーションを実践してみてください。私は長年の研究や体験から潜在意識は言葉だけよりイメージに強く反応すると思っています。今回は「理想のパートナーとのデート」を例にしてみましょうね。

ビジョンボードの理想のデートから行きたい場所を1つ選びましょう。そのイメージの中に入り込んで、理想のパートナーと一緒にいるところをリアルにイメージします。

1のイメージの中で、彼と手をつないだり、思いっきりデートを楽しんで、その気分に数分間浸ってください。彼のそばにいる自分の、喜びにあふれた様子をしっかり頭に映し出しましょう。

イメージの中の自分と、現実の自分の両方が幸せでいっぱいな気持ちになったら、最後に宇宙に「ありがとうございます」と感謝します。

＊ビジュアライゼーションは基本的に1つの望みに対して1回でOKです。ぐーっと1つの願いに集中しましょう。

理想のパートナーもあなたの思いどおり！

人は、普通1日に約6万個のことを考えているといわれています。なんとそのうちの8割はネガティブなことだったりするそうです。

知らず知らずのうちに8割もネガティブな思いを出してしまっているからこそ、おもしろくないことや不安なことや問題が次々と起こってしまい、いいことなんて時々しかない、となってしまっているのかもしれないということです。

逆に考えれば、ポジティブな思いを8割出せるようになれば、人生は好転していくことになりますよね。

「こんな人に出会えたらステキ！」「○○にデートに行こう」と書き出したり、ビジョンボードを作っているときというのは、当然ながらあなたは自然とワクワクしたり、うれしい気持ちでいっぱいになるでしょう。

あなたのノートの中のビジョンボードに、目に見える形で写真などの情報が集まれば集まるほど、あなたは自分の中でリアリティを深めていき、楽しい気持ちになりながらビジョンに近づいていけます。

このように自分の望みを知ることやビジョンボードを作ることは、あなたの幸福な人生のベースになるのです。

ですから、書いたり貼ったりしたノートは定期的に見直して、そのワクワク感を感じ、ポジティブな思いをたくさん放つように心がけてくださいね。

秋山まりあさんの
モテモテの私になるハッピーノート術

彼への執着を外すには、思考を探るのが近道

イラスト＝川杉早希

今まであなたは恋愛成就の方法を知りたくて、さまざまな方法を試してきたかもしれません。引き寄せの法則をすでによくご存じで、「彼とラブラブなところをたくさんイメージしているけどうまくいかない……」となっている人もいるのではないでしょうか。

恋愛をしていると、誰でも少なからず相手に執着してしまうものだと思います。「LINEが既読スルーされている」「いつになったらプロポーズしてくれるのかな……」などなど、四六時中相手のことが気になってしまうこともあるかなと思います。

執着というのは、「相手を自分の思いどおりにしたい」「自分のものにしたい！」と願っているような感じです。「彼が好き」「大好きだな～」と感じているときの純粋に「好き」という気持ちを送り出しているのとは違って、本質はとてもわがままな幼い思考なのです。

Maria Akiyama

Creative Power Japan Inc. 代表取締役 CEO。一般社団法人夢を育てる大学校代表理事。セラピスト。著述家。1962年、東京生まれ。ジョセフマーフィーの本と出会ったことで、潜在意識開発に取り組み、「思考は現実化する」ことをさまざまなワークを通して学べる CPM（クリエイティブパワーメソッド）を独自に確立。世界中に多くのクライアントを抱え、後進の育成にも励んでいる。

こんな人におすすめ

★片思い中の人や復縁したい人
★恋愛下手と思い込んでいる人
★モテモテになりたい人

恋愛成就のためには、ひたすら純粋に、「好き」という思考をたくさん送り出すことが大切ですから、特定の相手に執着したままでは難しくなってしまいます。

もしあなたが相手に執着してしまっているなと思ったら、今回、その執着にとことん向き合って、さよならしてしまいましょう！

とはいえ、大好きな人がいれば、その人のことを考えないようにするのは難しいと思いますよね。でも安心してください。私が考案したクリエイティブ・パワーメソッド（通称、100％自分原因説）には、**ノートに書き出しながら自分がどのような思考を送り出しているのかを知り、ブラックな思考があったらチェンジする**方法があります。このやり方を身につければ、あなたはもっとラクにハッピーな思考の送り出しができるようになるでしょう。

執着を外すための思考チェンジのステップを先にお伝えすると、以下のようになります。

その❶　自分の心の奥で感じている本音を認める

その❷　自分の思考を探って執着などのブラックな思考があったら、それをチェンジする

その❸　一点の曇りもなく「好き」という思考をたくさん送り出す

「彼に執着してはダメ！」と無理やり考えるのをやめようとしても、彼のことを大好きだとそう簡単に思考を変えることはできません。100％自分原因説では、自分の気持ちと大事に向き合いながら、ムリなく段階を踏んで思考をチェンジします。そうすることで、執着もするりと外れて、リバウンドすることなく引き寄せ体質になることができるのです。

本当に幸せになる手帳2019

秋山まりあ 著
中央公論新社／2018.10／1,500円＋税

元祖・引き寄せ手帳が６年目を迎えました。書くと願いが叶うと大評判の未来スケジュールや思考整理のページなど、使うほどに引き寄せ体質になれること間違いなし！

100%自分原因説の思考チェンジ術

その❶ 自分の心の奥で感じている本音を認める

「彼と付き合いたい〜」「彼じゃなくちゃイヤ〜」「もっと連絡してほしい〜」と執着全開になっていると、とても苦しいですよね。

「思考は自分が思ったとおりの現実を見せてくれている」。その理屈はわかっているけれど、「どうしても相手のことばかり考えてしまう」「ハッピーを送り出してもすぐにネガティブなことを考えて上書きしてしまう」「どうしたらいいかわからない。助けて！」となっている人もいるかもしれません。

そういうときは、今すぐここで、自分の素直な気持ちを確認して認めてしまいましょう。これが第一段階です。

「彼のことをどうしても考えてしまう」「恋愛成就して幸せになりたい」「周りがどんどん結婚して一人取り残されて不安」「私だけを見てほしい」「あの子から奪いたい」……。どんなふうに思っていても大丈夫ですから、包み隠さずすべて吐き出して、自分の本音を認めましょう。

それができると、スッキリとした気持ちで深く自分と向き合うことができるようになります。潜在意識で思っていることと、顕在意識（表面意識）で思っていることが一致すると、心はとても落ち着くのですね。このステップを飛ばしてしまうと、執着を外そうとしてもうまくいきません。

自分の気持ちの確認作業

自分の本音を書き出す

相手に執着全開でOK。その気持ちを全部書き出しましょう。

・彼じゃなきゃイヤなの。

・早く結婚したい。焦って仕方がない。

・**もう一度○○君とやり**直したい。

・あの子より絶対私のほうが
彼とお似合いなのに。

・早く今の彼女と別れてほしい。

・彼も本当は私を好きなはず。

あなたが思っていることをひとつ残らずすべて書き出したら、私はこんなふうに思っているのね、とただただ認めます。「こんなふうに思ったらダメ」「私ってサイテー」など分析したり、自分を否定したりしないようにしましょう。

今の自分の気持ちを認めてあげることは、潜在意識からのメッセージを受け取っていることにもなります。「こんな不安な気持ちや、相手を思いどおりにしたいというわがままな思考を持っているよ。このままこの気持ちを持っていると、本当に望む幸せが受け取れないよ〜」と気づかせてくれていると思ってみましょうね。

「自分＝周りの人」と考えてみましょう

まだよくご存じない人のために、１００％自分原因説のことを少し説明しておきましょう。執着があるとどんな現実を引き寄せてしまうかも理解していただけるかなと思います。

「思考は現実化する」という言葉はもう耳タコフレーズになっていますよね。１００％自分原因説では、自分の送り出した潜在意識からの思考が目の前の現実をつくっている、つまりあなたが手にしているこの本も、気になる彼の存在も、おいしいカフェラテも、混雑した通勤電車も、家族も、仕事も、お給料も、すべてあなたがつくり出していると考えます。

ひと言でいうと、「自分＝周りの人」「自分＝周りの事象のすべて」ということです。あなたが見たり聞いたり、触れたりしているこの世界は、あなたの潜在意識が見せてくれているものなのですね。つまり、あなたが毎日何をたくさん考えているか。その思考次第でハッピーな現実をつくることができるのです。あなたが送り出している思考の一つひとつはすごく小さいのですが、水の波紋のように広がって遠くへ行くほど大きくなり、ある程度の思考の量になると、遠くのほうから現実化が始まります。

あなたがいつも気分よく楽しい思考をたくさん送り出していると、いいニュースをよく耳にするようになったり、周りの人が結婚したり、身の回りにおめでたい出来事が増えてきて、あなたにも時間の問題で「いいこと」が起こるようになるのです。「私は一日も早く結婚したいのに、周りの友人が次々とウエディングベルを鳴らすことに嫉妬して喜べません」というご相談を頂くことがあります。実際は、周りで幸せなことが次々に起こるというのは、あなたの思考の送り出しがうまくいっている証拠なんで

書き出したり、自分の思考を探ったりすることは、恋愛成就することから一見、遠回りに見えるかもしれませんが、それが正しくハッピーなものかどうかがわかるようになると、もっとラクにハッピーな思考を送り出すことができるようになってきます。恋愛成就するのが当たり前なあなたになっていくのです。

す。「次は私の番だわ！」と素直に、思いっきり祝福してあげたほうがあなた自身のハッピーの現実化もスピードアップするのですね。

誰かを見下したりしていませんか？

では、執着があって「彼しか見えない」思考になっていると、どのような現実を受け取るでしょうか。「彼しか見えない」となっているあなたにとって、彼以外は「どうでもいい人」なわけですから、あなたはほかの人に見向きもしませんね。これは、あなたが彼以外の人を「どうでもいい」と見下した思考を送り出していることにもなるのです。そうすると、「自分＝周りの人」ですから、自分も「どうでもいい」ように扱われたり、誰にも大事にされない現実を引き寄せることにもなります。もちろん彼に大事にされることはありません。イヤですよね。もし「イヤなことが続く」とか、「うまくいかない」ことがあったら、自分がどんな思考を送り出していたか、振り返って確認してみましょう。

その❷ 自分の思考を探っていく

次は、あなたは彼になんて言いたいか、その気持ちも書き出してみましょう。「彼がこうしてくれたら幸せだな～」「こうしてほしいな～」と思うことを書き出してみるのもいいですね。

たとえば、「どうしてすぐに返信くれないの?」「なぜほかの女の子とばかり話しているの?」そういった、彼に言いたい自分の本音を書き出していくと、実は自分は心の中で彼にぷんぷん怒っていることがわかります。その怒りがだんだん落ち込みに変わるとか、怒りが増幅して頭にきてしょうがないとか、自分がみじめになってくるとか、あなたの本当の気持ちがどんどん見えてくると思います。こんなふうに、相手に対する気持ちを書き出して隠されている怒りを認めてあげることを、「アングリーワーク」と呼んでいます。

このワークをすると、今まで引っ込めていた自分のブラックな気持ちがたくさん見えてきます。「彼に怒っているわけじゃない。連絡がないと悲しくて落ち込んでしまうだけ」と言いたいかもしれませんが、どちらもあなたの中の小さな怒りから始まっていて、相手を思いどおりにしたいという思考があるのですね。

「なんで連絡くれないの！　意地悪」とか、「本当に好きなら早く結婚してよ」と相手を責める攻撃の思考を持っていることがわかります。そこに気づけると執着することもどんどん減ってきます。

WORK 1

アングリーワークを行う

彼に言いたいことを全部書き出してみましょう。

「彼に言いたいこと」

- なんで既読したらすぐに返さないの？
- 無視しないで。
- いつも忙しいって言うけど、
  合コン行ってるの知ってるよ。
- 本当に私が好きなら結婚してよ。
- 浮気してるんじゃないの？
- 不安にさせないで！
- 私を彼の友達にも紹介してほしい。

攻撃の思考があることを認める

もう出てこなくなるまで書ききったら、「彼を思いどおりにしたい」「自分の希望どおりじゃないとイヤ！」という、相手を責めたり、攻撃したりする気持ちを持っていたことを認めてしまいましょう。

自分の中に攻撃の思考があることに気づかずに隠し続けていると、それはほかの人に投影されます。ほかの人から怒りやイライラをぶつけられるとか、なんとなく反感を持たれてしまうとか、否定的なことを言われたりするというような現実を見ることになって、ますます不安が募ったり、居心地の悪い世界に住むことになってしまいます。

彼のことで不安があるとしても、それは自分の中の小さな怒りから始まっていることを確認してみましょう。

反対に自分を責めたり、「彼に何も望んではいけない」と自分の気持ちを抑えつけようとしないことです。ただ「そういう思考があったんだね」と気づいて、認めるだけで心はラクになります。

WORK 2

「彼がこうしてくれたら幸せだな～」と思うことを書き出してみましょう。

「彼にしてほしいこと」

- 彼がすぐに返信してくれたらうれしい。
- 毎日一度はLINEをくれたら不安じゃなくなるのに。
- 毎日私を好きな気持ちを伝えてくれたらハッピーになれるのに。
- デートは割り勘じゃなくて、全部おごってほしい。
- 誕生日には食事だけじゃなくて、プレゼントも欲しい
- もっと一緒にいられる時間をつくってほしい。

あなたは周りの人にどう思われている？

「彼がこうしてくれたら幸せだな～」という問いかけに対して、「～してほしい」と彼に求めていることが多いことに気づくでしょうか。

100％自分原因説で考えると「自分＝周りの人」ですから、あなたが「欲しい、欲しい」となっているときというのは、あなたの周りの人もあなたに対して何かが「欲しい」と思っていることになるのですね。

自分が、彼だけではなくて、むしろ家族、友達、仕事仲間……周りの人に対して何もしてあげていないのではないかな、ということです。

実は、あなたは周りの人から、「自分からは何もしない人よね」とか、「口ばっかりね」と思われている可能性はありませんか？

お待たせしていることや、見て見ぬふり、人任せにしていることなどはないでしょうか？　書き出してみましょう。

WORK 3

「欲しい、欲しい」となっているときは、
相手も何かを欲しがっていると考えて、
書き出してみましょう。

・クライアントさんにメールすると言って、
していなかった！

・英会話を習いたいと３年前から言っているだけで、
まだやっていなかった！

・〇〇ちゃんの結婚式の出欠を
まだ返信していなかった。

・会社の備品が足りなくなってきても
見て見ぬふりをして、ほかの人が頼んでくれていた。

・デートする場所を決めるのは
いつも彼任せで、一度も提案したことがなかった。

↓

・いろいろなことを後回しにしていた……反省。
これからは、後回しにはしません。
すぐ行動する自分になります！

自分の中で不要になった思考は、リセットする

書き出してみて気づくことはありましたか。たとえば、「後回しにしてしまうクセ」があると気づいたとしますね。そうしたら、「もう後回しにしません。すぐ行動する自分になります」と宣言すると、思考がチェンジされて、新しい思考に置き換わります。そのとおりに行動し始めたとたん、彼から連絡が来たりもするのです。

「自分が変わることで、望む現実をつくることができる」という100％自分原因説の楽しさを味わってくださいね。

その③ 一点の曇りもなく「好き」という思考を送り出す

その❶、その❷で思考の大掃除をしたあとは、たくさん「好き」というハッピーな思考を送り出しましょう。彼とラブラブなデートをイメージするのもいいのですが、おすすめしたいのは、「今、思いっきりハッピーを味わう」ということです。

潜在意識は主語を認識しません。つまり、「ハワイが好き」というのと、「彼が好き」というのはどちらも同じ「好き」としか受け取らないのです。おもしろいですよね。

ですから、彼のことや恋愛にこだわらなくても、あらゆるものについて「ハッピーが好き」「楽しいことが好き」という思考をいつでも送り出していると、潜在意識は「ハッピー&楽しい」がリクエストだと受け取って、恋愛もハッピーで楽しいものとして現実化してくれるようになります。あなたにとって最高に幸せで楽しい思いが味わえるような恋愛成就をしてくれるようになるのです。自分の好きなところ、周りの人の好きなところ、ワクワクすること、見ると一瞬で幸せになれるもの、うれしかったことなどを、1日1つ以上ノートにつけてみましょう！「ハッピー」や「楽しい」が習慣になって、彼だけではなく世界中からモテモテのあなたになれますよ。

ハッピーノート術

ノートを１冊用意してもいいですし、手帳やモバイルに書き出していつでも読み返せるようにすると、ちょっと落ち込んだときでも、テンションが上がって、ハッピーな思考に切り替えができるようになります。

「自分の好きなところ」

10/20　健康で体が丈夫なところ

10/21　歯並びがキレイなところ

10/22　目の前の人を大切にするところ

10/23　仕事が早いところ

10/24　髪がツヤツヤなところ

「好きなものリスト」

旅先：ハワイ、モルジブ

花：バラ、すみれ

時間：彼と海にドライブ。犬とたわむれる

ファッション：オフショルワンピース

スイーツ：ピエールエルメのマカロン

スポーツ：ヨガ、キックボクシング

習慣にしたい ミニ引き寄せ術

笑顔であいさつをしてみましょう

もしあなたが人見知りさんだとしても、あいさつだけは、ニコッと笑顔をつくりましょう。歯を見せてにっこりすることが恥ずかしかったら、口角を上げるだけでもOK。相手も笑顔を返してくれたら大成功！　笑顔の出し惜しみをやめると、自分も周りも好転していきます。

否定的な考えが起こってきたら、こまめにデリート！

ふと彼との関係が心配になったり、疑ってしまうなど、自分で不安をつくり出しているのに気づいたら、「今の思考は嘘です。デリート！」と心の中でキャンセルして、すぐ削除しましょう。

そして、「私が好きなのはこっちです」と、本当にあなたが望む、自分も彼も笑顔のイメージを送り出しましょう。

Chapter 4

なりたい自分になる！
「自分のこと」引き寄せノート

イラスト＝菜々子

「○○さんみたいに話が上手だったらいいのに」

「どうして私は不器用なんだろう」。

欠点の一つや二つ、みんな持っているものですよね。

でもね、「私ってダメ！」「こんなんでは夢が叶うわけない」と

自分を否定してばかりいると、
どうしてもハッピーな引き寄せは
起こりにくくなってしまいます。
それに、自分を否定していると、
自分に自信を持つことが難しくなってしまいますよね。
自分に自信がないと、行動することが怖くなってしまって、
あなたの引き寄せ力はパワーダウンしてしまうのです。
「なりたい自分」になるためには、
「明確なお願い＋行動力」が必須です。
でも、安心してください。
書くことで、行動したくなる自分に変えていくことができます。
今回は龍神様の強力サポート＆
手帳術でなりたい自分を叶えましょう。

1

「こんな自分になりたい」
という願いをノートに書く

2

自信のなさ、勇気が出ない
自分も受け止めて、前を向く!

3

行動できる自分になって、夢がどんどん叶う!

小野寺S一貴さんの 龍神引き寄せノートで自分史上最高に輝く！

イラスト＝関根美有

龍神はあなたの願いを叶えたくてたまらない！

神社に行くと多くの人がお賽銭を投げ入れて「ああなりたい」「こうなりたい」「あれが欲しい」「これが欲しい」といったお願いごとをしている姿を目にします。おそらくあなたも例外ではないでしょう。その願いはどれくらい叶えられたでしょうか？

ここで僕からひとつ提案があります。神社の神様に参拝することはもちろん結構なのですが、その前に神様の眷属《けんぞく》である龍神に頼ってみてはいかがでしょう。

妻のワカについている龍神のガガによると、人間の願いを叶えるかどうかは神様が決めるそうですが、**神様に伝達する手段として、最もスピーディ、かつ売り込み上手なのは龍神たち**なのだそうです！　そう言われて僕たち夫婦は納得しないわけにはいきません。3年前、ワカが突然、龍神の声が聞こえるようになってからというもの、あっという間に僕

Kazutaka S Onodera

作家、古事記研究者。1974年8月29日、宮城県気仙沼市生まれ。仙台市在住。山形大学大学院理工学研究科修了。ソニーセミコンダクタにて14年間、技術者として勤務。その後、東日本大震災で故郷の被害を目の当たりにし、「日本のために何ができるか？」を考え、政治と経済を学ぶ。2016年に妻に付いた龍神ガガに導かれ、神社を巡り日本文化の素晴らしさを知る。現在も「我の教えを世に広めるがね」という龍神ガガの言葉に従い、龍神の教えを広めるべく活躍中。

こんな人におすすめ

- ★行動できない人
- ★自分に自信を持てない人
- ★龍神や神様と仲良くなりたい人

たちの運命は好転し始めました。書籍を出版したことをはじめ、講演活動などで全国を回ったり、ステキな方たちとのご縁に大変恵まれるようになったりして、ひと言でいえば「運がいいぞ」という状態が以前とは比べものにならないほど増えました。

今は僕自身にも黒龍さんという龍神がついてくれているのですが、昔の僕といえば頭でっかちで、どんなことも理詰めで考えないと気が済まないところがあったものです。そのため考えすぎて取り越し苦労をすることも多い性格でした。でも、今はくよくよしたり、イライラすることも格段に減って、問題が起こったとしても「流れを見守ろう」「なるようになる」と、性格まで変わってきたのです。

龍神たちというのは、姿こそ肉眼では見えませんが、エネルギー体として私たちの周りに存在しています。龍神は「夢を叶えたい」というやる気あふれる人間をいつも探しているものです。それは人間の成長した魂が、彼らの飯のタネであり力量の証明でもあるから。つまり、あなたが自分自身をもっと輝かせたいという望みは、**龍神にとっても願ってもないおいしい話**なのです。ここ数年で龍神の存在はメジャーになりました。龍の形をした雲や数字の「8」を見ると「龍神がそばにいる！」とサインを理解する人間が増えたことを龍神はとても喜んでいます。ただ、ガガが言うに、そこから先の段階――人間と龍神がタッグを組んで夢に向かって邁進する状態になかなか進まないことが、寂しくもあり、もどかしくもあるようなのです。龍神は人間を後押ししたくてうずうずしています。ぜひ今こそ龍神とつながって、あなたの夢を叶えましょう！

小野寺S一貴の龍に願いを叶えてもらう方法

小野寺S一貴 著
宝島社／2018.3／1,300円＋税

妻のワカさんに龍がついたことをきっかけに、驚くほど人生が好転した著者が教える、龍に願いを叶えてもらう方法。この一冊で、龍ってどんな存在？　龍神のつけ方は？　龍に好かれる人、嫌われる人とは？ など、龍に親しむ方法が丸わかり！

悩みを消して、願いを叶える 龍神ノート

小野寺S一貴 著
PHP研究所／2018.7／1,500円＋税

小野寺さんご夫婦がある日龍神ガガから授かったノート。そこに書かれたワークをしていくとあれよあれよと幸運のスパイラルに運ばれたという秘伝を初公開！　ノート部分に書き込むだけで、龍神の強力なバックアップを得られる画期的な作りになっています。

龍神に願いが届く引き寄せノートの作り方

では、どうすれば龍神に願いを届けることができるのか、と思いますよね。

ズバリ、龍神宛てに自分の叶えたい望みをノートに綴ることです！

これはガガが教えてくれた、とっておきの方法のひとつです。ノートを一冊用意して、「龍神さんへ」として手紙を書くイメージで好きなことを書いていきます。

なぜこの方法が有効かというと、自分の頭の中を整理しながら、具体的に胸の奥の本当の気持ちまで伝えることができるからです。

ガガによく質問されるのです。「神社に来た人間たちは『成功しますように』『もっと活躍できますように』『お金持ちになれますように』『幸せになれますように』と神様に頼んでいくけれど、成功？　活躍？　お金持ち？　幸せ？　それらはいったい何なのだ？」と。

龍神や神様というのは人間とは別次元で生きていますから、人間にとっての成功、活躍、お金持ち、幸せというものがどのようなものであるか、漠然としてピンときません。

僕たち人間も人それぞれ、それらの定義は違いますね。「会社で出世することこそが成功」という人もいれば、「独立して一人前の経営者になってこそ成功」と考える人もいます。龍神や神様に対して願いを伝えるときは、自分がどのような状態になりたいのか、できるだけ具体的にその思いを含めて伝えることがベストです！

困ったときの龍神頼みもOK！

龍神宛てに望みをノートに書き出すといいましたが、龍神と自分がそもそもつながっているのかどうかわからないのに意味があるのか、と思う人もいるでしょう。

龍神とつながるということを皆さん難しく考えすぎているかもしれません。あなたが望みを叶えて今よりもっと成長したいと本心から思っているのなら、その情熱めがけて龍神はたくさん集まってきているはずですから、「私のそばに来てくれた龍神様」と心で呼びかけたり、「自分と一緒にいる」とただ意識することで、あなたに一番ふさわしい龍神がそばで見守っているのです。

ガガが教えてくれたのですが、あなたの中で、「私の龍神さんはこんな感じ」と自由にイメージすればつながることができます。龍神には本来、名前はないのですが人間がわかりやすいようにニックネームをつけてもらうのもうれしいし（僕たちがガガや黒龍さんと名付けたように）、困ったら気軽に呼びかけて、「〇〇さん、どうしたらいい？」と相談してもらうのも大歓迎だそうです。

確かに、目には見えないものを僕たちはなかなか信じられません。でも「困ったときの神頼み」をあなたもするでしょう？　ここはひとつ、「困ったときの龍神頼み」として、龍神に向けて願いごとを書いてみましょう。

龍神引き寄せノートを書くうえでのポイント

ノートに望みを書き出すときに意識してほしいのは、「これから自分はどうしていきたいか」という意思表示です。

たとえば、「料理家と小説家、どっちのほうが成功する確率が高いですか?」とか、「結婚するのと、このまま独身でいるのと、どっちが幸せですか?」というような質問は龍神を困らせてしまいます。というのも、龍神はあなたの本気の願いなのであれば、その道がたとえ険しいものだとわかっていても、それを叶えるために追い風を送り、成長を見守るというスタンスだからです。もし願いの奥に「どの方法がラクして幸せになれるか」といった気持ちがあるとしたら、そもそもサポートしてくれません……。あなたの魂の成長が見込めなければ、大好物のジューシーな魂ごはんにありつけないからです。龍神は、あなたがいくら失敗やミスをしてもOK。困難があったとしても前向きに努力できるプロセスを一緒に歩んでいきたいと思っていますから、「自分はこうしたい!」という方向性はできるだけ明確にしましょう。

POINT

1 自分の好きな筆記用具で構いません。

2 好きな時間帯に書きましょう。
できれば集中して書けるように
一人の時間を設けましょう。

3 神棚がある人は、
書く前に神様にお祈りするとよいでしょう。

4 いつも携帯できるような
小さなノートに書いたり、
手帳のフリーページを
活用したりするのもいいでしょう。

ガガが判定！
龍神引き寄せノート ～その1～
「仕事と家庭を両立させて、イキイキと充実した生活をする自分でいたい」よしこさんの巻

あなたの龍神さんの名前を入れましょう。

龍神○○様
いつも私を見守っていてくださりありがとうございます。
今日は、折り入ってお願いがありペンを取りました。
もうすぐ2歳の息子がいますが、
1か月くらい前から、一日も早く職場復帰したいと思うようになりました。
ゆうべそのことを夫に伝えたら、露骨に反対されました。
保育園の送り迎えや買い物など、
時々協力してほしいと言ったところ、顔色が変わりました。
「子供を授かっても仕事を続けたい」と
前から伝えていたのに、悲しくなりました。
夫は子供が小学校に上がってある程度のことが一人でできるまで
母親がそばにいるべきという考えだそうです。
子供がかわいいのはもちろんですが、仕事と家庭を両立させて、
イキイキと充実した生活をする自分でいたいという思いは捨てきれません。
家計のやりくりのためという気持ちもありますし、
独身の頃から続けてきた仕事にやりがいを感じていたので、
自分の能力を伸ばしたいのです。
夫には私の願いは欲張りに思えるようです。
どうか夫が理解を示してくれますように。お願いいたします。
読んでくださってありがとうございます。
2018年11月30日
よしこ

日頃のお礼を入れると好感度もアップ。

望む方向性、希望は具体的にはっきり書きます。

どうしてそうしたいのか、あなたの熱意の表れるところです。ここが一番龍神が知りたい部分になります。どんなことをしたいか、どんな成長を望んでいるかという思いも伝えましょう。

最後に読んでくださったことへのお礼を書きましょう。

ガガ 書き方判定 ○

堂々と働く母になってほしいがね！

よしこさん、ガガだがね！　よしこさんについている龍神がよしこさんの願いをどのように導くかは我にもわからないが、この望みの書き方は我々にもよくわかる！　いい手本だ。少しも欲張りな願いとは我は思わんぞ！　我が思うに仕事を持つか、専業主婦でいるかどちらが正解というものでもない。自分の心の声、そして大事な家族の幸せをよく考えて、後悔しない選択をしてほしいのだ。一生の大事なプランだからな。夫と一回の話し合いくらいであきらめてはいかんがね！

ガガが判定！
龍神引き寄せノート ～その2～
「借金返済のために、宝くじを当てたい」たかしさんの巻

龍神に向けて気持ちを書き出していると、こんなふうに「最近、龍神さんとつながっていないかも」と自分が潜在意識で感じている直感を言葉で表すことができます。自分がそう感じるということは、実際に龍神はあなたのもとをお留守にしているのかもしれません。あなたの魂の味が落ちた、つまりあまり成長が見られなくて距離を置いているのかも。自分の言動を振り返ってみるときです。

龍神〇〇様
久しぶり〜。元気してる？
僕は車が大好きです。
この前、外車ディーラーに友達と遊びに行ったのですが、
見栄張って高額な車を買ってしまい、返済に困っています。
やっちゃいました！
ボーナスで返せるかな〜、と思っていたんですが、
ボーナスはもう旅行と洋服代に使ってしまっていて、
残りません。困ったな……。
年末ジャンボ宝くじで1千万円でも当たれば、
チャラにできます。
ひとつ、僕に当選くじを恵んでください。
よろしくお願いします。
〇〇さん、僕のことちゃんと最近、応援してくれてる？
金欠ひどいっすよ。どうにかしてください！！
頼りにしてます。

2018年10月25日
たかし

宝くじに当選したい、お金が欲しいという願いでも構いません。ただなぜその金額が必要なのか書くようにしましょう。「あなたの成長に役立つ」「他者の幸福にも貢献している」この2つが含まれていると、龍神は喜んで金運をアップしてくれるようです。

ガガ 書き方判定 ×

宝くじで一発逆転は甘い考えだがね

人間は、「金」というものが大好きなようだな。金を求めること自体は構わん。ただ、宝くじを当てて車の借金をチャラにしようという魂胆は、甘いがね。だいたい人間は器に見合わない大金を持つとろくなことにならんのだ。まあその経験も学びのうちと考えられるがね。そもそも宝くじに大きな夢を託す人間は、自分の生活を改善する必要があってもそれを行わず、「他力本願」で人生を過ごす傾向はないかね？　我々は人間にただラクをさせるためにいるのではない。そもそもおまえの本当の願いは何なのか。高級車やいい洋服を着て遊ぶことだけなのかね？　しっかり自分を見つめ直して「これこそは！」という願いを聞かせてほしいものだがね。おまえに龍神がついているとしたら……。気持ちを入れ替えるまで戻ってこないかもしれんがね！

ガガが判定！

龍神引き寄せノート 〜その3〜

「優柔不断な自分とさよならして、決められる自分になりたい」さちえさんの巻

友達に手紙を書くような感覚で、ざっくばらんに悩みを打ち明けるような内容でも構いません。

龍神〇〇様

いつも〇〇さんがそばにいてくれるおかげで心強い毎日です。
「人生は、選択の連続だ」とはよく言ったものですね。
生きていると、小さなことから大きなことまで、
本当にたくさんの選択を迫られ、決めていかなくてはなりません。
私は本当に優柔不断で「決める」ということが苦手です。
この前、あるセミナーに行こうか、どうしようか考えすぎてしまって、
気づいたら申し込み期限が過ぎてしまいました。
やっぱり行けばよかったと、今、後悔しきりです。
そのほかにも、レストランで何を食べるかとかなかなか決断できず、
無駄に時間をロスしてしまいます。
優柔不断な自分とはバイバイして、
フットワークよく行動できる自分になりたいです！
こういうお願いも〇〇さんは聞いてくださるのかなあと、
迷いつつ書いてみました。
私のようなタイプは、
やはり考える前に行動するくらいでいいのでしょうか。
それはそれで後悔しないかなと思ったり……。
でもやっぱり、決められる自分になりたい！　そうなる！
どうかサポートしてくださいますよう、お願い申し上げます。

2018年12月15日
さちえ

龍神はあなたの幸福や成長につながる場を次々に提供してくることがあります。お誘いや気になるイベントや勉強会などは、無理にとは言いませんが気軽に参加してみるとビッグチャンスにつながっていたなんてことも。

書いているうちに自分で答えを書き出していることもあります。そのときは気づかないかもしれませんが、翌日などに読み返してみると「やっぱりそうだよね」と腑に落ちたりすることもありますよ。

ガガ 書き方判定 ○

迷ったらチャレンジするがね！

さちえさん、ガガがノートを読ませてもらったがね。我々のところには、自分の性格をどうにかしたいという悩みもいっぱい来るのだよ。どんなことも相談に乗るがね！　さて、さちえさんはもう気づいているではないか。さちえさんの龍神はもう答えのサインを送っているがね！　我々は迷ったら、動く、とりあえずやってみるという、行動力がある人間が大好物だがね。「そうなる！」と、自分でもすでに書いておるだろう。さちえさんの龍神はこれからますますチャンスを送ってくるだろう。いっそ「迷ったらチャレンジ」と決めてしまえば迷うこともなくなるであろう。我々もサポートしがいがあるがね！　グッドラック！

願いはどうやって叶えられるの？

あなたの望みを受け取った龍神は、それを叶えることができる神様とつないでくれます。でも、何もせずにぼーっと待っていてはダメです。神様はあなたが願いごとに対して、素早く何かしらの行動を起こすことで初めて力を貸してくれるのです。

たとえば、あなたが「ピアノを弾けるようになりたい」としますね。そう本気で思うのなら、ピアノ教室のトライアルに申し込んでみるとか、弾きたい曲の楽譜を買ってみるなど、できることに一歩踏み出すのです。すると、龍神も神様も「これは本気だな」と思って、素晴らしい先生と出会わせてくれる、もしくは思った以上に性に合っているなどで、あれよあれよという間に腕前が上達！　なんてことが起こります。

龍神や神様があなたの願いを叶えてくれるときというのは、基本的には「目標に沿った人の行動力＋神様の力」が方程式となります。ガガによると、目標に沿った人の行動は、ノートに願いごとを書いてから72時間以内にスタートするといいそうです。それを過ぎてしまうと、神様は「ピアノが弾けるようになりたいというのは、本気じゃないんだな」と願いを棚上げしてしまうのだそう。

言葉で「こうなる！」と宣言して伝えることもパワーがありますが、行動することでも神様に思いは通じます。あえて口に出さなくても地道に趣味のレッスンを重ねていたら、プロ級の腕前になったりする人がいますが、それは神様が行動の積み重ねに対して大きなご褒美をくださった結果なのです。

龍神へお願いしたら、叶うと思ってスタンバイ！

ガガがよく嘆いているのです。人間は望みをノートに書いて宣言までしているのに、実際に我々がチャンスを送るとふいにする人が多い、と。

たとえば、あなたが「温泉旅行に行きたい！」とノートに書いたとします。そうしたらよく行くスーパーの福引の1等に温泉旅行があった。あなたはレジで福引の券をもらったにもかかわらず、「どうせ当たりっこないから」とそっぽを向いて帰ってしまったとか……。

「イケメンでお金持ちの男性と出会いたい」とノートに書いたのに、いざ「イケメンでお金持ちの男性」と出会わせてみたら、「私とはつり合わないわ」とあいさつすらスルーしてしまうなど……。龍神からしてみると、「おい！　ノートに書いてあるじゃないか！」と大層がっかりしてしまうのだそうです。人間だって同じですよね。頼まれごとをしてあげたら、「別によかったのに」と言われたらどうですか。頭にくるし、馬鹿にされたみたいで傷つきます。そんなことが続けば、もう二度と頼まれてやらないぞ、となっても仕方ありません。あなたは龍神に同じことをしていませんか？　自分が龍神に宛てて書いた望みは叶うものだと思って心の準備をしておくことです。

龍神的引き寄せサインをキャッチする

龍神ラッキーMEMOをつけてますます引き寄せ！

あなたがノートに書いた願いを龍神が受け取ると、運気の流れが変わってきます。どのように変わるかというと、具体的にはこの4つのことが顕著になってきます。

- **タイミングがよくなる！**
- **ステキな出会いが増える！**
- **兆しが読める！**
- **スピーディに願いが叶う！**

こういう出来事が増えてきたら龍神的引き寄せサインだと思ってください。あなたが願いに対してできる行動を続けていると、どんどんその夢を引き寄せるパワーも増していくでしょう。気がついたら欲しいものが手に入っていたり、夢が叶っていたりということも起こるはずです。

この4つの事柄に遭遇したら、ノートに書いておくこともおすすめです。ラッキーMEMOのような感じで簡単で構いません。

あなたが大切なことをノートに書いていると龍神はわかっています。

自分たちが送ったサインに気づいてくれていることがわかったらとても喜びますし、もっとミラクルなラッキーを見せてくれるようになるかもしれません。

今日、ラッキーな出会いがありました……と
うん うん

龍神ラッキーMEMOの書き方

ちょっとした空き時間に書き留めておきましょう。モバイルのメモに書くのも◎。小さなラッキーにたくさん気づけることは龍神とつながる感度もアップしている証拠。元気が出ないときに読み返してみると、幸福度も再上昇します。

12月1日

- 朝も帰りも駅のホームに着いたらちょうど電車が来た！
- 甘いものを食べたいなと思ったら、
  お土産の信玄餅を頂いた！
- 今やっておいたほうがいいと思って
  会議の書類を作っておいたら部長に喜ばれた

12月2日

- 元気かな〜と思っていた友達と渋谷でバッタリ会った！
- 素敵なダンスの先生を紹介していただいた！
- 欲しかったバッグを買いに行ったら
  ちょうどセールになっていてお得にゲットできた！

12月3日

- 見たかった展覧会に行ったら今日までだった！
  間に合ってラッキー！
- 「今だ！」と思ってクライアントさんに提案したら、
  「そういうものをちょうど探していた」と言われた。
  うれしい！

タイミングがよくなる！
龍神が運んでくれるのは「時の運」です。人も出来事もグッドタイミング！と言わんばかりの絶妙さでやってくることが増えます。

ステキな出会いが増える！
人との出会いは神様との出会いだとガガに教えてもらいました。人が神様の代わりとなってチャンスを運んできたり、あなたを助けたりしてくれるのです。

スピーディに願いが叶う！
龍神というのは何事もスピーディなところがあります。行動しながら考えるくらいの気持ちで、ノリよく行ったほうが願いが断然早く叶います。

兆しが読める！
龍神に後押しされていると、要所要所で直感が鋭くなってきます。「今やったほうがいい」「今連絡しておこう」「もう少し待ってみよう」といったことが本能的にわかるようになるのです。

龍神に感謝を伝えてみよう

感謝の気持ちもノートに書き出すと、運勢はさらによくなる

ノートに書いた願いが叶ったり、ラッキーな出来事が続いたりしたら、龍神に感謝の気持ちを伝えてみましょう。

もちろん、その場その場で感謝の気持ちを伝えるだけでも、龍神は大喜びしてくれます。でもノートにその思いを綴ってくれたら、龍神は心底感動してもっとあなたを応援したくなりますし、さらに互いの絆も深まるでしょう。

人間同士でも、ちょっとした贈り物にサンキューカードが添えられていたり、改めて近しい人から感謝の手紙をもらったりすると、忘れられないほどうれしかったりしますよね。

自分の置かれている状況を振り返るということは、自分がどれだけ恵まれていて、龍神や神様、周りの人たちに助けられているかを知るきっかけにもなります。また、龍神を介して願いを叶えてくれた神様のいる神社にも、ぜひともお礼参りに行ってみてください。

龍神にとって神様はいわば上司です。あなたのような感謝を忘れない向上心のある人間とコンビを組んでいることがわかったら、龍神も顔が立ちます。あなた自身も神様の覚えがよくなって、ますます追い風に乗れるでしょう。

龍神に感謝を伝えるノート

願いを届けるノートだけでなく、感謝を伝えたり、悩みを打ち明けたりと龍神と交換日記的にノートを使ってみると、ますます信頼感が増してきます。自分の心の中もスッキリしていられることが増えるはずです。

龍神〇〇様

こんにちは。よしこです！
〇〇さん、ありがとうございます！
なんとなんと、先日ご相談した、職場復帰をしたいけれど
夫に難色を示された件、その後2週間で夫の態度が激変！
「働いていいよ。そのほうがこれからの家族みんなのためになるね」
と言ってくれました！
あきらめずに、夫に自分の気持ちを説明してよかった！
子供の保育園もいい具合で空きが出そうで、年明け早々に復職します。
会社も人手が足らなかったようで快く迎えていただけます。
順調すぎるくらい順調です。
こんなにとんとん拍子で事が運んだことってありません！
これこそ〇〇さんと神様のおかげですね。ありがとうございます。
これからがスタートですが、仕事と家庭を両立させて、
イキイキと充実した生活をする自分でいたいという願いを実現します。
理解をしてくれた夫や協力してくれる息子にも感謝です。
2人の笑顔が見られる毎日にしていきます。
〇〇さん、ありがとうございます。
これからますます忙しくなりますが
どうぞ引き続きよろしくお願いいたします。

2018年12月25日
よしこ

GAGA'S VOICE

いい調子だがね！　龍神が後押しすれば、こんな感じで流れに乗っていけるのだよ。それにしても感謝の言葉というのは、あったかい気持ちになっていいものだ。感謝されると「任せとけ！」とエネルギーが湧いてくるのが龍神たちの性分なのだよ。よしこさんについている龍神もますます忙しくなって、うまい魂のごはんが食べられる。うらやましいがね！

願いが叶わないときの裏ワザ1

自分に自信をつけるノート

願いがあっても、自信がなくて行動に移せなかったりしませんか？

「願いが叶わないのです」という人の話を詳しく聞いてみると、やはり行動に移していく勇気がなかなか出せないという共通点が見受けられます。

そういう人のために、行動する自分に自信をつける方法はないかと考えていたところ、黒龍さんが教えてくれました。

自分が子供の頃がんばったことをノートに書き出してみるといいそうなのです。

黒龍さんによると、人間は自分ががんばってやってきたことをすぐに忘れてしまう。反対に、「できなかったこと」や「失敗したこと」というのは実によく覚えていて、それが新しいチャレンジにブレーキをかけてしまっているというのです。

引き寄せの法則の元祖、『思考は現実化する』の著者で知られるナポレオン・ヒル博士も非常に興味深い調査結果を残しています。男女３万人を対象に「人は何回チャレンジしたらあきらめるか？」という研究をしたところ、なんと平均１回以下！　ほとんどの人は１回もチャレンジすることなくチャンスを棒に振っているのです……。つまり、大半の人は「やって成功しない」のではなく、「やらないから成功しない」のです。あなたはどうでしょう？

黒龍さんによると、龍神はコンビを組んでいる人間が結果を出すこともうれしいけれど、もっとうれしいのは「がんばったこと」のほうで、結果は二の次なのだそうです。

子供の頃は誰だってほとんどのことが未経験で、いろいろなことにチャレンジしていたはずです。子供の頃がんばっていたことをぜひ思い出してみてください。どれだけ自分が行動できる人間かを再確認できるようになります。

自分に自信をつけるノート

習いごとや勉強、運動や家のお手伝いなど、あなたが子供時代にがんばったことを思い出してみましょう。

1 あなたが子供時代にがんばったことをいくつでも書き出してみましょう。

・私は小学1年生から6年生まで、
毎日漢字の書き取りを宿題とは別に2ページ続けていた。

・泳ぐことができなかったけれど、
小学1年のときに水泳教室で猛特訓して、
5日間で25メートル泳げるようになった。

2 1のことからどんなことが得られましたか？

・漢字の書き取りをしていたおかげで、
いろいろな漢字を読んだり書いたりするのが得意になった。
規則的に机に向かい続ける忍耐力がついたことは
受験勉強や現在にも役立っているように思う。

・水泳ができるようになって、
嫌いだった体育の授業が楽しくなった。
はじめはバタ足しかできなかったけれど、背泳ぎ、クロール、
平泳ぎがひととおり泳げるようになった。
私はやれば何だってできると思える瞬間があった。

KOKURYU'S VOICE

がんばったことは行動したことです！　龍神は目標に向かってがんばって行動する人こそを応援しています！

願いが叶わないときの裏ワザ2

なぜなぜノートを書いてみよう

龍神へ書いた願いは、あなたの本当の願いじゃないかもしれない!?

願いがなかなか叶わないとき、それはあなたの本当の望みではない場合があります。あなたがいくらノートに願いを書こうが、神社の神様に祈願しようが、叶わないことがあるのです。たとえば、多くの人は「お金が欲しい」と願っています。願いごとの王道中の王道ですね。「なぜお金が欲しいのか」。そんなの当たり前じゃないか! いろいろ買えるし旅行にも行けるし、と思うかもしれませんが、自分の心の奥に「なぜ、なぜ」と、5回を目安に繰り返し問いかけてみてほしいのです。ある女性のケースをご紹介しましょう。


「なぜお金が欲しいのか?」→「老後が不安だから」

「なぜ老後が不安なのか?」→「年老いて働けなくなったら食べていけなくなるから」

「なぜ働けなくなったら食べていけないと思うのか?」→「独り身で頼れる人がいないから」

「なぜ頼れる人がいないと思うのか?」→「結婚していないし子供もいないから」

「なぜ結婚していないし子供もいないと思うのか?」
→「自分に家族が欲しいと思うから」

なんと、この女性は本当はお金が欲しいのでなく、家族が欲しいということが判明したではありませんか! この場合、彼女にとってお金というのは、家族の代わりとなる手段に過ぎなかったということです。自分が叶えたいと思っている願いは、実はただの思い込みや、世間の価値観によってすり替えられてしまった偽りの願いだったということはよくあります。自分の本当の望みを知ることは、本当に幸せになる近道です。ぜひ自分の願いが本物であるかを、「なぜなぜノート」に書き出してみましょう。

自分の本当の望みに気づく なぜなぜノート

あなたの叶いにくくなっている望みを1つずつ挙げて、そうなりたいのはなぜ？　と5回を目安に繰り返し自分に問いかけてみてください。

START
あなたの望みは何ですか？
→ 出世すること。

1 なぜ出世したいのですか？
→ できる男と思われたいから。

2 なぜできる男と思われたいのですか？
→ かっこいいし、モテると思うから。

3 なぜかっこいいし、モテるのがいいのですか？
→ 人気者は人が寄ってきてチャンスに恵まれるから。

4 なぜチャンスに恵まれるといいのですか？
→ いろいろおもしろい経験ができるから。

5 なぜいろいろおもしろい経験ができるといいのですか？
→ 人生が充実して豊かになるから。

KOKURYU'S VOICE

出世したいという願いを深掘りしたところ、充実して豊かな人生を手に入れたいという本当の願いがわかりましたね！　とてもステキな願いだと思います。最後に導かれた「本当の願い」こそが大事です。充実して豊かな人生のために「何ができるか」「何が必要か」と考えて行動していくとよいでしょう。本当の願いに基づいて行動した結果、当初の望みであった出世もついてくる場合が往々にしてありますよ！

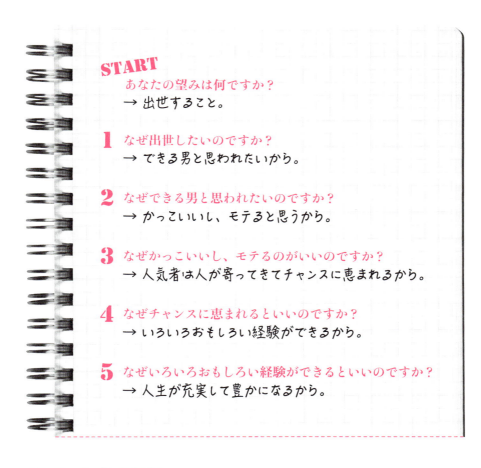

勝負をかけるなら、ココ！

自分磨きをしたい！

容姿だけでなく、心も知性も磨くことが幸運を招くがね。これまで興味がなかったことが気になったら大きなチャンス。やった者勝ちだがね！

健康になりたい！

粘り強く事に当たれる自分でいるためにも体は鍛えておくべきだがね。体が元気ならば、心も元気でいられるのだよ！

人脈を広げたい！

今の人間関係に満足せず、人脈を広げる気持ちを持つことはとても大切だがね。人脈＝神脈なのだよ。裏ワザだが、家の整理整頓をして不要なものがなくなると運は大きく開けるがね！

買い物したい！

「これでいいか」ではなく、本当に好きなものを妥協せずに選んでみるがね。そう行動することで、いつでも本当に必要なものがやってくるようになるのだよ。

ガガの強運になるためのアドバイス

願いを叶えて幸運になるための龍神ガガ・ワンポイントメッセージをお届けします。自分が気になる願いごとのキーワードを直感で選んでみてください。占い感覚で楽しんでね。

貯金したい！

お金の流れを見直してみることだがね。お金がいっぱいあるというのは、エネルギーがたんとあるということだ。エネルギー不足はお金不足になると心得て、周りにエネルギーを与えるパワフルな人間になることだがね。

恋がしたい！

理想からは程遠いと思う男性こそ意識すべきだがね。「タイプじゃない」と思う人こそ素敵な恋を運んでくれる可能性ありなのだよ。

バリバリ仕事したい！

これまでの経験を生かして自信を持つことがポイントだがね。自信さえあれば、何だってできるのだ。出会う人を大切にすることで運気が上がるぞ。

独立したい！

一人暮らしも起業も思いきりが必要だ！　楽しんでワクワクする道を選ぶがね。ただ甘えは禁物。精神的にも物質的にも自立していないと運の流れが止まるのだ。

MACOさんの
“なりたい自分”になる MACO式手帳メソッド

イラスト＝上路ナオ子

「決意」を乗せて書くことで、引き寄せられる

私は望みを「書く」という行為によって、あらゆる願いを叶えてきました。

中でも、今回お伝えする「手帳に望みを書く」という習慣は、私にとって欠かせないものになっています。とはいえ、手帳に強いこだわりがあるわけではなく、自分に合ったツールを選ぶことが一番です。ノートやメモ帳でももちろん構いませんし、私においては「ブログに書く」ということも自分の可能性を大きく羽ばたかせてくれたツールになりました。

何かに書き出してみるということ自体が、潜在意識に望みを刻み込んでいくことにとても効果があるのですね。ですから、自著やセミナーなどでも「書く」ということの大切さをよくお伝えしているのですが、「手帳に書いたら本当に叶いました」といううれしいご報告を頂くこともあれば、「書いても全然引き寄せできません」というご相談を頂くこと

こんな人におすすめ

★自分の本当の願いを知りたい人

★なるべく簡単な手帳にしたい人

MACO

引き寄せアドバイザー＆コーチ。1970年、兵庫県生まれ。これまでに合計3つの大学・大学院を修了。脳科学、NLPコーチングなどのほか、各種セラピーなどさまざまなジャンルの学びを修める。講演家として全国を回りながら同時に執筆活動をしている。

もあります。

望みを引き寄せるために手書きをすることは確かにとても有効ですが、ただ手書きをすればいいというものではないのですよ。手書きをしても叶わないこともあります。なぜだかわかりますか？　それは、そこにあなたの決意がちゃんと乗っていないからです。

しっかり決意して書いているかという意識こそが最も大切で、それさえできていれば、「引き寄せ専用のノートを準備しましょう」とか、「『〜しました』と現在完了形で書いたほうがよい」とか、「できるだけ具体的に書いたほうがいい」というような引き寄せの法則でよくいわれるルールは大きな問題ではないと思っています。

願いを宇宙に届けるときは、「こうなる！」「〇〇を得る！」などと決意することがとても大事だと私は常々お伝えしています。心底、本気で決意すること。これは書くときにおいても外せないのですね。

私は今でこそ、少し落ち着いて清書することもあるのですが、以前は殴り書きに近い感じで手帳やノートに望みを走り書きしていました（笑）。それでも、ちゃんと引き寄せられてきましたよ。書いても引き寄せられないという人は、自分の中で「すでに叶ったように書かなくちゃ」「毎日寝る前に書かなくちゃ」などと、書き方のルールを気にしすぎたり、書くことが義務のようになってしまったりしていないでしょうか。

あなたの決意を乗せて楽しく書くことで、エネルギーは循環しはじめます。あらゆるルールや言葉の表現は二の次です。この循環こそが現実化を起こしてくれるのです。

ネガティブでも変わる!
願いを叶える手帳2019

MACO 著　永岡書店／2018.9／1,800円＋税

待望のMACOさんの手帳が初登場！　ネガティブな感情に悩まされやすい方、なかなか自分に自信が持てない方も、大丈夫。この手帳を味方にして2019年は新たな次元への扉を開きましょう。

ネガティブな人のための
引き寄せパーフェクトBOOK

MACO 著　宝島社／2018.2／1,300円＋税

書いて引き寄せ、言葉で引き寄せ、ワーク、恋愛＆結婚の引き寄せ、お金の引き寄せ……。MACOさんのメソッドを網羅する、とってもお得な一冊です。

手帳は楽しく書いて楽しく使う

手帳で望みを引き寄せるコツをひと言でいえば、「楽しく書いて楽しく使うこと」だと思います。
その日一日にあったうれしいことや気づき、感謝などを書き込んでいくと、幸せのエネルギーがどんどん手帳に入り込んでいきます。パッと開いたときに、自分の気持ちがぐんと高まって明るい未来を感じさせてくれたり、モチベーションが上がったりするような、自分だけのパワースポットを育てていく感覚を持ってみましょう。

もし会社や学校でイヤなことがあっても、ひとたび手帳を開けば自分の周波数を元に戻すことができる。そんな手帳になったら最強です。

また、自然と行動できる自分になれることも、手帳のおもしろさです。

自分のエネルギーをしっかり入れ込んだ予定を書き込んでいくと、自分主導で予定を組むことができるようになってきます。頭の整理にもなりますし、「よし、今度は○○について調べてみよう」など、行動につながっていきやすいのです。

文字を書くという行為はさして難しいことではなく、単純な作業のように思うかもしれませんが、実は脳でのとても複雑な処理を経ています。書くことで「願望をイメージして思考する」「目で認識しながら文字にする（視覚で脳に刻む）」「手を動かして記す（体感覚でしっかり脳に刻む）」。このように五感をフルに使って潜在意識に刻んでいくという素晴らしい行為なのです！

MACO式 引き寄せ手帳の作り方

ここでは、私が行っている手帳の引き寄せポイントをお伝えしてみます。ただしルールではありません。自分がしっくりくるものだけを採用していただいたり、あなた流にカスタマイズしたりしてくださいね！

1 お気に入りの手帳を選ぶ

ハイブランドの高価な手帳から、会社で配られた手帳、雑誌の付録の手帳まで、あなたが気に入っていて、心地よさを感じるものがベストです。マンスリータイプ、バーチカルタイプ、いかなる形式でも引き寄せは可能です。

2 「こうなる！」と決めて書く

願いを書き出すときは「決める」ことをしてから書くことで、初めて宇宙にオーダーが入ります。決めて書くからこそ、願いが叶った次元の周波数に合わせることができるのです。ほかの人に見せるわけではありません。心を解放して本当になりたい自分を宣言しましょう。

3 ワクワクする予定で満たす

「～したい！」「～最高！」「～大好き！」そんなワクワクする予定は小さなことでも書き込みましょう。ワクワクする予定がたくさんあるほど、あなたはいつも高い周波数でいられるようになります。

4 「しなければならないこと」より「したいこと」優先で書く！

手帳は時間と密接な関係があります。私たちは、「しなければならないこと」で手帳を埋めてしまいがちです。でも本来時間は自分で使い方を決めることができます。もし「時間がなくてできない」と思っていることがあったら、「〇〇する時間は楽しい」など、手に入れたい時間を書いて宣言！すると残業が減ったりして、そのための時間が生まれたりするのですよ。

5 望みを叶える期限は入れない

私は引き寄せたい望みに「いつまでに」という期限はあえて入れていません。そこは、宇宙が最適なタイミングで手配してくれるのだと信頼して任せています。ただ、期限付きのほうがやる気が出るという方はぜひ期限を入れて、どんどん夢を叶えましょう。

ここでは、手帳に「幸せのエネルギーを注ぎ込む」ポイントを図解します。あなたの最高潮の波動を書き込んでいくことで、理想の仕事についている自分、愛する人と結婚して幸せな自分、世界中で素晴らしい体験をしている自分……。どんな世界でも現実化できる素粒子が動きだし、「なりたい自分」を形づくってくれます。

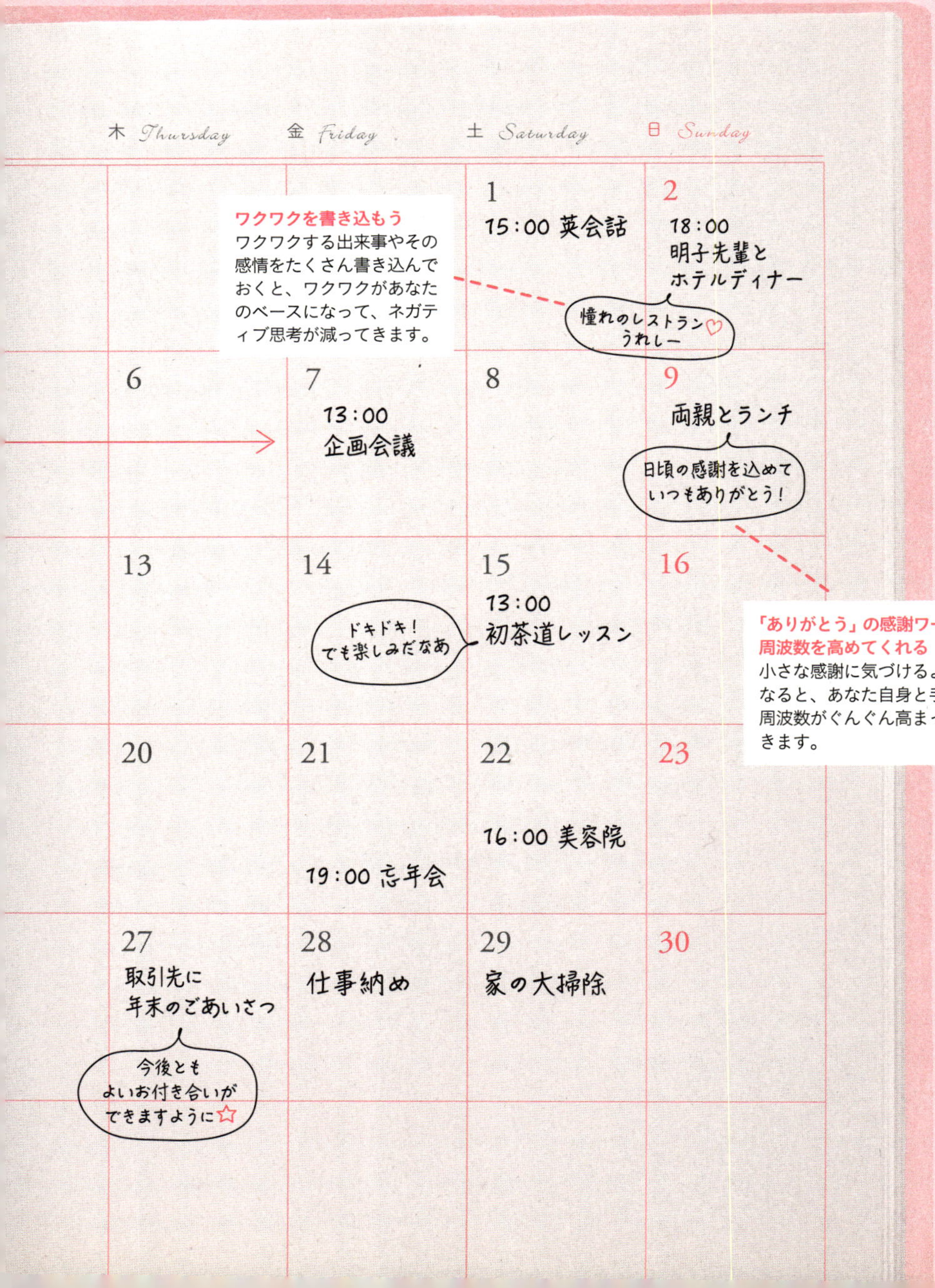

ワクワクを書き込もう
ワクワクする出来事やその感情をたくさん書き込んでおくと、ワクワクがあなたのベースになって、ネガティブ思考が減ってきます。

「ありがとう」の感謝ワードは周波数を高めてくれる
小さな感謝に気づけるようになると、あなた自身と手帳の周波数がぐんぐん高まっていきます。

\ どんどん「陽」のエネルギーが集まってくるよ！ /

MACO式 なりたい自分になる手帳術

「こうなりたい」という宣言は、決めて書く！
いくつ書き込んでもOKです。今月こそ！ と気持ちが高まった願いごとを厳選してマンスリースケジュールに書いておいてもいいですね。意識を集中させて書き込んで。

マークやモチーフを添えて気分も運気もアップ！
♡（ハート）、☆（スター）、ニコちゃんマークなど簡単なマークやモチーフを加えると気分が上がります。シールなどを使っても楽しいですね。私は、上向き矢印が大好きで、意識レベルのアップのためにもよく使っています。

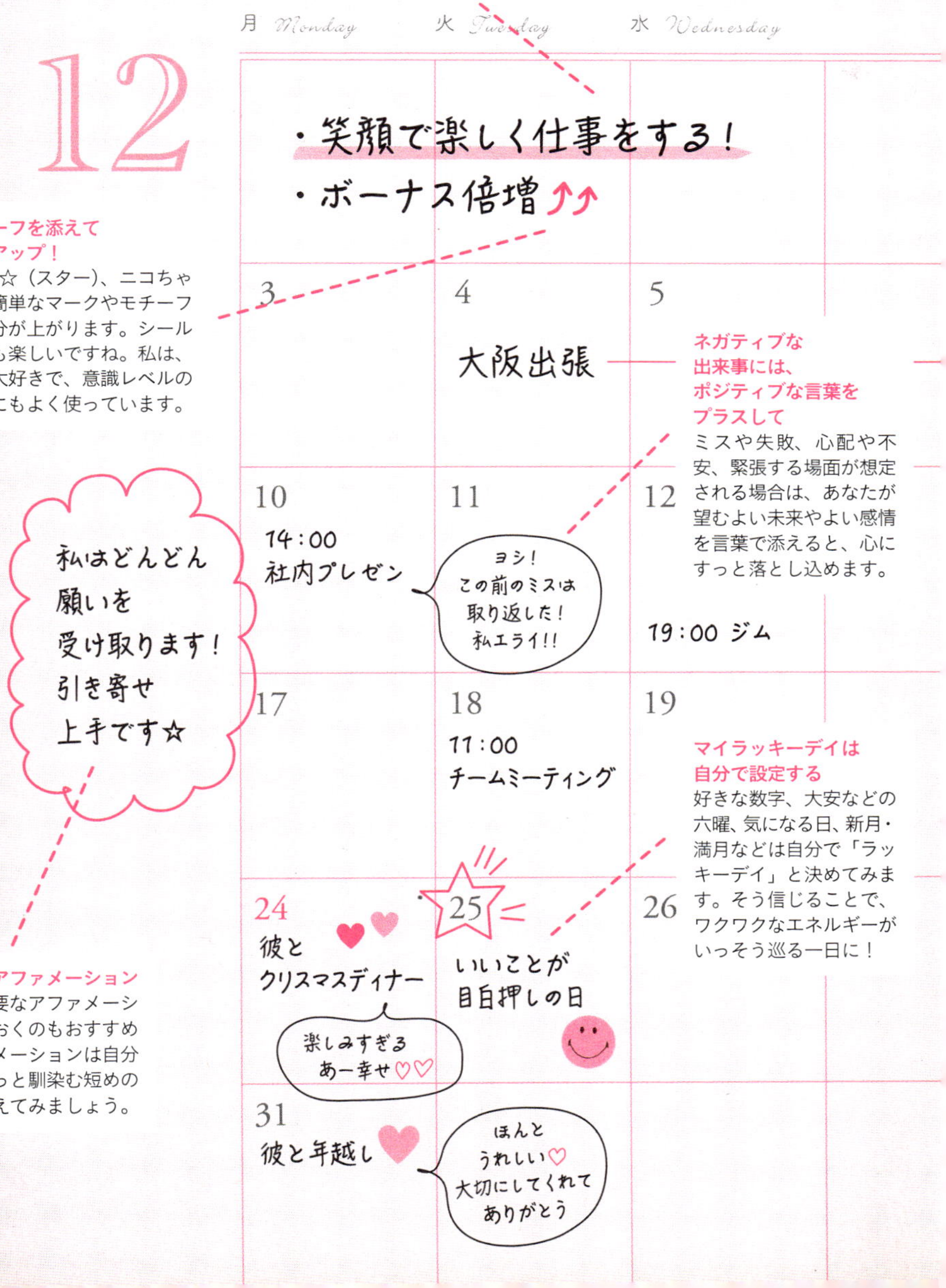
月 Monday
火 Tuesday
水 Wednesday
12
・笑顔で楽しく仕事をする！
・ボーナス倍増↑↑
3
4
5
大阪出張
10
14:00
社内プレゼン
11
ヨシ！
この前のミスは
取り返した！
私エライ!!
12
19:00 ジム
私はどんどん
願いを
受け取ります！
引き寄せ
上手です☆
17
18
11:00
チームミーティング
19
24
彼と
クリスマスディナー
楽しみすぎる
あー幸せ♡♡
25
いいことが
目白押しの日
26
31
彼と年越し
ほんと
うれしい♡
大切にしてくれて
ありがとう

ネガティブな出来事には、ポジティブな言葉をプラスして
ミスや失敗、心配や不安、緊張する場面が想定される場合は、あなたが望むよい未来やよい感情を言葉で添えると、心にすっと落とし込めます。

マイラッキーデイは自分で設定する
好きな数字、大安などの六曜、気になる日、新月・満月などは自分で「ラッキーデイ」と決めてみます。そう信じることで、ワクワクなエネルギーがいっそう巡る一日に！

お気に入りのアファメーション
今の自分に必要なアファメーションを書いておくのもおすすめです。アファメーションは自分の気持ちにすっと馴染む短めのフレーズを考えてみましょう。

決意のリストアップノート&引き寄せMEMO活用法

手帳のフリーページでできる願いごとのリストアップ法をお伝えしましょう。

願いごとのリストアップは引き寄せの法則では基本中の基本だと思います。私のメソッドの特徴としては、「決める」こととリストアップは常に連動しています。リストアップはなんとなくしているのではなく、決意して書き出しているのです。もしイメージングが苦手でも、ちゃんと決めて願いごとをリストアップしていれば、必ずあなたの願いは宇宙にオーダーされます。私自身、頻繁にイメージングはしていませんが、決意してリストアップするだけで、願いが叶っていることがほとんどなのです。さまざまなやり方が提唱されていますが、あなたに合う方法がきっとあるはずです。

もうひとつ、フリーページやスケジュールの空いたところに、引き寄せMEMOをつけることもおすすめです。ラッキーなことをちゃんと引き寄せているのに、それに気づかず「私は引き寄せができない」となってしまっている人が意外に多いのです。「コーヒーが飲みたいな」「新しい洋服が欲しいな」といった小さな望みは書き留めておかないと忘れてしまうことが多いかもしれませんが、「小さな望み」をどんどん引き寄せていることに気づいたら、自信が湧いてきませんか?「思ったことが現実化する」という宇宙のしくみを信頼できるようになると思いますし、その信頼が、より大きな望みを引き寄せるきっかけにもなるのです。

決意のリストアップノート

私は願いごとのリストアップは月初か月末に行っていますが、これもルールではありません。ふと浮かんで書き留めることもあります。大切なことは、素直にすべての願いを書き出すことです。

決意系で書く
「どうせ1か月で実現するわけない」などと考えすぎず、純粋に「こうある！」「これが手に入る！」と決意系の言葉で書き出します。私は箇条書きしています。

小さな願いも書く
すぐ叶ってしまうような小さな願いも書いておきましょう。願いを引き寄せる楽しさや、書いたことが現実化する成功体験をどんどん積むと、自分でも意識の使い方に注意を払うようになって、より引き寄せ上手になれるのです。

今月引き寄せたいこと

- 毎日満ち足りた気分で目覚める
- みんなが笑顔になる（楽しい）仕事をする！
- すんなりハワイ旅行に行ける
- クリスマスは思いっきり楽しく過ごす
- ~~キックボクシングを始める~~
- （オークの木でできた）新しい本棚を手に入れる！
- ~~ダイヤ~~（ルビー）の入った時計が手に入る！
- 彼が私に夢中でいつも幸せ！
- 収入アップが（ますます）止まらない！
- （女の子の）三毛猫を飼う

リストの見直し
1か月後にリストを見直すと、叶っているものがけっこうあります。叶ったものには♡をつけたりしています。いらなくなった望みは消したり、今の自分の気持ちに一番フィットした表現や言葉に修正したりします。修正した場合は、新しい月のページに決意を込めて、もう一度書き出します。

引き寄せMEMO

引き寄せの成功体験は、引き寄せ力の強化にもなりますし、停滞感を感じたときに見直せば、初心に戻る効果もあります。

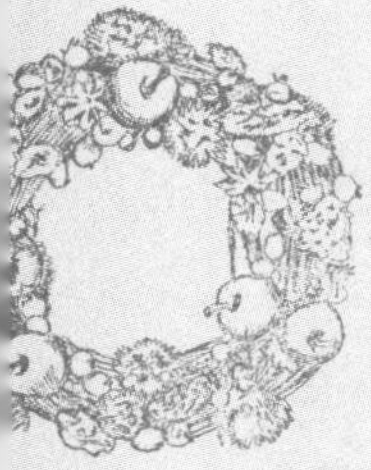

- 12月1日　欲しかった美顔ローラーを試供品で頂いた。ラッキー!!
- 12月3日　彼が、行きたかった映画に誘ってくれた。
- 12月6日　臨時収入が1万円もあった！
- 12月7日　読みたかった雑誌が美容院にあって読めちゃった。
- **12月8日　すごい、また臨時収入が！ 今度は2万円も！** うれしい！
- **12月11日** すごくいい企画を引き寄せた！

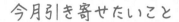

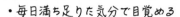

もっと引き寄せ力を育てる

宇宙とつながる引き寄せ手帳の楽しみ方

さらに手帳をパワースポット化するための工夫をしてみましょう。

Part 1

手帳の袖にラッキーアイテムをしのばせる

結婚式の招待状や旅行の航空券、コンサートチケットなど、お祝い事や楽しみなイベントのチケットはあなたを波動の高い場所に連れていってくれるラッキーアイテムです。

そういった楽しいことを予感させてくれるアイテムはぜひ手帳の袖に挟んでおきましょう。開くたびに目に入って、ワクワクした陽のパワーを受け取ることができます。

私は、お気に入りの香水を含ませたキレイなカードなどを入れていることも多いです。嗅覚は脳に直接届く性質を持っていますので、手帳を開くたびにふわっといい香りがしてたちまち脳が喜び、気分を上げてくれるのです。

行ってみたい旅行先や、憧れのシチュエーションの写真などを入れておくことも、視覚によって脳に臨場感ある情報を伝えることができますので、おすすめです。

Part 2

寝る前に手帳参りをしてみる

潜在意識にアクセスしやすいのは、眠る直前のリラックスタイムです。もう眠いな……となってきたらチャンス！　手帳を開いて、今日の感謝を伝えたり、これからのスケジュールに目を通して楽しい時間になるようイメージしたりしてみます。右ページでお伝えしたラッキーアイテムを眺めるだけでも潜在意識につながりやすくなっていますから、効果大です。

また、何か悩みがあるときは、潜在意識に質問してみましょう。たとえば、「いいアイデアが欲しいんだけど」とか、「彼との関係に悩んでいる」とか、「もっと収入を増やす方法はないかな」など、何でも質問してみてください。潜在意識はあなたに関するベストの答えを知っていますから、必ずその答えを返してくれます。

その答えは、夢の中ですぐにもたらされることもあれば、後日友達との会話や、たまたま見ていたテレビ番組にヒントがあったり、急に人間関係が変わって現実が動きだしたりするなど、さまざまです。ですから、「私にわかるように教えてください」と伝えておくとよいでしょう。

手帳には「陽」の側面だけを書き込む
～ネガティブ対処法～

私の手帳術では、物事の「陽」の側面だけを書き込むようになっています。この宇宙のすべてのものには陰陽の法則が働いていて、陰と陽の側面があります。陰が「悪い」「ネガティブ」、陽が「よい」「ポジティブ」という印象があるかもしれませんが、そうとは言い切れません。陰と陽は本来一対に働いていて、どんなこともどちらの要素も持っています。なぜ私が手帳には「陽」の側面だけを書くようにしているかというと、そもそも私自身がネガティブ思考が強く、物事の陰の側面ばかりを見るクセが強かったのです。ただ、自分で「陽」の側面にも意識して目を向けるようにしたところ、たとえネガティブな思いを持ったままでも、願いを叶えることができると気がついたのですね。

仕事でも恋愛でも必ず陰陽両方の側面があります。あなたが「毎日同じ仕事の繰り返しで退屈」と思っているとしても、その仕事のおかげで安定した収入を得ることができていたり、残業をせずに家でゆっくり家族と過ごす時間を得られたりしていたら、それは「陽」の側面ではないでしょうか。

陰の出来事が、「やり方を変えるときだよ」「次に進むときだよ」とメッセージをくれることもたくさんあります。「今のままではダメだ」と気づいたおかげで本当にやりたいことに出会えることもあるのです。自分の思考がネガティブに傾いているなと思ったら、「陽」の部分は何かを探ってみましょう。常に「陽」に気づくことができると現実は変わり始めます。

＼覚えておくと便利だよ！／

ネガティブが何度出てきても、決め直しをすれば大丈夫！

手帳やノートに「こうなる！」と決意して書き出しても、あとから「どうせダメ」「やっぱりできない」など不安や心配がムクムク出てきてしまうこともあるかもしれません。そのままネガティブな思考にハマってしまうと宇宙へのオーダーはキャンセルされてしまいます。だからといって、そのネガティブな思考をなきことにしようと、「絶対こうなる！」と何度も手帳に書いて打ち消そうとしてもうまくいかないでしょう。そういうときは、ネガティブな気持ちを丸ごと抱きしめて受け入れてあげましょう。それから決め直しをすることで、再び願いはちゃんと宇宙に放たれていきます。

1

「やっぱりできない」「自信がない」など
ネガティブな気持ちが出てきたら……。

2

「そう思っているんだね」
「怖いよね」「勇気がいるよね」と
ネガティブな気持ちを
何度でも受け入れましょう
（感情の受け入れ）。

3

2の感情の受け入れを
ていねいに行っていると、
必ず気持ちが上向いてきます。
そうしたら、再び決め直しをしましょう。
手帳にもう一度宣言する場合も、
決め直しをしてからにしましょう。

すごい引き寄せ！研究会による

引き寄せで願いを叶えるノートの使い方【定番編】

ほめほめノート＆感謝ノートで引き寄せをパワーアップ！

私たち、すごい引き寄せ！研究会から、「引き寄せの法則」で願いを叶える定番ノート術を最後にご紹介しておきたいと思います。「ほめほめノート」＆「感謝ノート」です！

引き寄せの法則は、波動の法則です。幸運に恵まれたいのなら、最も大切なことは、自分がいつもよい気分でいることです。今さらそんなことを言わなくてもわかっていますよね。でもそれが難しい、となっている人が多いのではないでしょうか。

確かに、生きていれば誰でも困難にぶつかります。理不尽な目にあうこともあるでしょう。でも、イヤな気分に沈んで一番損をするのはやっぱり自分なのです。

この2つのノートを習慣にすると、ひと言でいえば「気分の切り替え」がとても上手になります。私たちは日々、引き寄せの法則をあらゆる角度から検証しているのですが、「気

すごい引き寄せ！研究会

引き寄せの法則、開運法、占いについて研鑽《けんさん》を積み、日々、運気の向上に勤しむ会です。

©いいあい

分を制する者は、引き寄せを制す」だと確信しているのです！　そのためにこの2つのノートは最強です。今回メソッドの一部としてご紹介いただいている方もいますし、成功法則を説いた本、ノート術や手帳術の本にも比較的よく出てくるので、ご存じの方も多いでしょう。解説者によって、きちんとしたルールに従ってノートを作ることをすすめられたり、日記形式であったり、手帳の中に落とし込むことを推奨されたり、いろいろです。

ノートの使い方に正解はなく、自分に合ったやり方が一番です。特にこの2つに関しては、ノートでも、手帳でも、モバイルでも、形式にとらわれず、とりあえずやってみることが何より大切だと思います。1回でもやってみると、「なんで私が！（怒）」と思うような出来事が不思議と減るのです。問題が問題でなくなってくる、という感覚です。

ノート実践のポイントは、言ってみれば「物事のよい面を見るようにする」ということなのですが、人は放っておくと、物事の問題点ばかりを見ようとする脳のクセがあります。それは防衛本能が働いている証拠であり、完全になくすことはできません。でも、問題点に気づきながらも、よい面を見ていくようにすると、心は安息を感じて気分も上向きになります。引き寄せの法則では、自分が幸せを感じられないと、幸せを引き寄せることはできませんから、「物事のよい面を見るようにする」ことは絶対的に必須なのです。

この2つのノートをしばらく実践してみると、違いは歴然。日々の幸福度は確実に変わります。「両方はムリ」という方は、どちらかひとつでも効果アリです。ぜひトライしてみてください。

すごい引き寄せ！研究会
研究発表！

引き寄せは2段構えが成功率高し！

イラスト＝関根美有

世の中で「引き寄せ」といわれる願いを叶える方法には、２種類あると思います。

ひとつは、「いつもよい気分でいる」というやり方で、「ほめほめノート」「感謝ノート」はこちらに入ります。自分の気分がよいことを選択し、波動を上げることで引き寄せる現実を心地よいものにする。その延長で願いが叶っていくという方法です。

もうひとつは、願望そのものにエネルギーを注ぐ「エネルギー注入型」です。代表的なものは、アファメーションやイメージングなどです。「潜在意識に願望が叶った姿を刻み込む」「潜在意識に上書きする」「すでに叶っているように……」などと説明に入ってくるものは、こちらのタイプが多いです。

どちらがよい、悪いということではありませんし、得手不得手もあるでしょう。

私たちの研究では、**「いつもよい気分でいる」をベースにしながら、「エネルギー注入型」もやるという2段構えがあらゆる人にフィットしやすく、効率的**だという結果になりました。引き寄せの成功率＆毎日のハッピー度は確実に上がります！

アファメーションやイメージングももちろん効果的なのですが、この方法だけですと、あとから「どうせダメ」「できっこない」という否定が出てきてしまうという人がやはり多いのです。

すごい引き寄せ！研究会流

書いて引き寄せステップ

1 願望のリストアップ

いつでもどこでもノートに思うままにいくつでも書き出す。

2 ほめほめノート、感謝ノートを書く

一日に一行でいいからそれぞれ書く。

3 早く叶えたい願いなどは、エネルギー注入型で補っていく

アファメーションやイメージングをする。

また、「願いを叶えて幸せになろう」という考えからそれらをしていた場合、心の奥では「今は幸せではない」と思っていることになるので、結果として、その波動どおりの「満たされない現実」を引き寄せてしまいやすいのです。

ですから、「いつもよい気分でいる」ことのほうを優先的に行って、「以前より幸せだな」「イライラしなくなったな」「最近楽しいことが多いな」などと少しでも思えるようになってから、アファメーション やイメージングをプラスしていくというやり方でもいいと思います。そのほうが引き寄せ力が上がり、願望成就も早くてお得な感じです！

ほめほめノート

自己肯定感が必ずアップ、気分がよくなる

ほめほめノートとは、ズバリ自分をほめてほめてほめまくるノートです。

引き寄せの法則は、自分の放った波動と同じ波動の現実を受け取る法則です。つまり、自分という波動発信塔が「幸せ」でつくられていないと、いい波動は発信できないということです。

自分が幸せでできているかどうか、確認するのは簡単です。

「あなたは自分が好きですか？」

この質問に「ハイ。大好きです」とキッパリ答えられた人は、世に出ているどんな引き寄せのメソッドを使っても、ラクラク夢を叶えていけると思います。反対に「嫌い。変えたいところだらけ……」と、好きより嫌いの割合のほうが大きい人は、いつもネガティブな低波動を放っています。「自分が嫌い」と思っているから、「嫌いな自分」を引き寄せている。そこに気がついてください！

「じゃあ、今この瞬間から自分大好きになろう！」と思っても、なかなか難しいものがありますよね。これまでさんざん自分のイヤなところばかりを探していたのですから……。だからといって、何べんも「自分が大好きです」と唱えても、本当に「好き」と思っていないと意味がありません。

まずは、自分のイヤなところばかり見ていた意識を、自分のいいところ、ほめてあげたいところを探すようにちょっと変えてみる。そこから始めましょう。

ほめほめノートのやり方

その日１日の自分のほめてあげたいところを書きます。
できれば毎日、最低１つは書き出しましょう。

11/1 今日も元気に会社に行った。えらいね！

11/2 白い歯が芸能人みたいでステキ！

11/3 後輩へのアドバイスがとっても上手だったよ！

11/4 難しい書類をよく作ったね。さすが！

11/5 ヨガがもう３か月も続いてる。
体が柔らかくなってすごいね！

11/6 お母さんに誕生日プレゼントを贈ってあげて、
優しいね。

11/7 夫とデートすると今もドキドキ！
私ってかわいい。

11/8 クラシックのコンサートに行って、
美しいメロディにじーんとして涙が出た。
感性が豊かで素晴らしいね。

11/9 今日のワンピース、とても似合ってた。
かわいい！

11/10 わあ、見事、〇〇の試験に合格。
よく３か月勉強がんばった、すごいよ！

＊ほめほめノートを書く時間は、いつでも構いません。夜寝る前に書けば、とてもいい気分で眠りにつくことができるでしょう。毎日書くことが難しい人は、あとから振り返って、思い出せるものを書き出すようにするのでも、何もしないよりずっと効果があります。

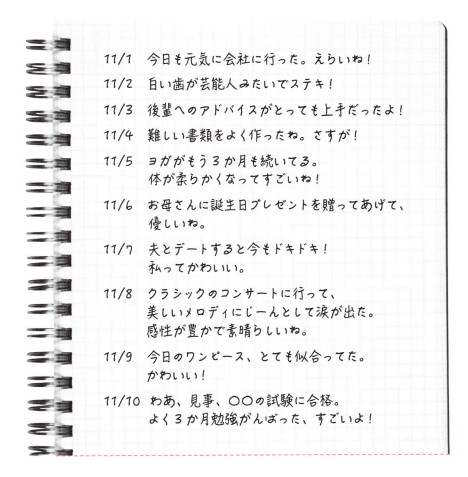

ほめほめのコツ

「自分にほめることなんてない」と思う方もいるかもしれませんが、ほめるところがない人なんて一人もいません。子供を無条件にほめるように、自分をほめてあげましょう。

★些細なことでもほめる

「夕飯を作った」「家の掃除をした」など、日常生活の中でできたことをほめるようにすると、ほめるところはたくさん見つかるものです。できて当たり前と思わず、「今日もがんばったね」「昨日より早くできたね」と、継続や小さな変化を見逃さずほめてみましょう。

★結果だけでなく、過程をほめる

「○○ができた」というわかりやすく成功したときだけでなく、挑戦して努力した過程もほめてみましょう。どのくらい努力しているかということは、自分が一番よくわかっています。正しくは、自分しかわからないことかもしれません。しっかりとほめてあげましょう。

★容姿をほめる

自分の容姿を否定する人は多いものですが、否定していると、あいにくキレイにはなれません……。チャームポイントは誰にでも必ずあります。肌、髪、歯、笑顔、手、爪、首、バスト、ウエスト、ヒップ、脚……。「ここはいいな」と思えるところをほめてみましょう。メイクやお手入れの仕方をほめてみるのもいいですね。

★内面をほめる

性格、才能、感性、考え方など、自分らしいところを発見してほめてあげましょう。優しい性格や、美しいものに対する感性、何かを作る才能など、あなたが内側に持つ宝石の輝きを見逃さずにほめてあげましょう。三日坊主をしなくなったなど、自分が感じる内面の成長も意識的にほめてみましょう。

ほめほめノートの効果

ほめほめノートはたくさんよい効果があるのですが、習慣になってくると、マイナス思考が減ってプラス思考に転じてきます。引き寄せにはそれが最も大きな効果だと思います。

落ち込んだり悲しんだり、へこんだり、マイナス思考がまったく起きなくなるわけではありません。でも、マイナスの気持ちに浸りきらないようになります。イヤなことやトラブルが起きても、「私、今落ち込んでるな」「その問題が気になっているんだな」と、その状態をひと呼吸おいて、客観的に見ることができるようになります。イヤなことが起きたとき、とことん落ちてしまったり、「マイナスに思っていたらダメ」と否定したりすることもなく、フラットに受け入れることができます。そうなると、人はたとえ落ち込みたくても落ち込めません（笑）。気持ちがよいほうに脳が勝手に切り替わってしまうからです。

また、ほめ言葉のシャワーを浴び続けることで、自分自身がプラスのイメージで満たされていくと、自己肯定感がグンとアップします。それは、「なりたい自分」への最短ルートです。わかりやすくいえば、誰かと比較することに意味を感じなくなり、「私は私」と自信が持てるようになります。自分の土台がしっかりしてくると、「やっぱりダメ」「どうせダメ」といったあとから否定することが少なくなり、目標達成が早くなるのです。

さらに、脳科学の分野では、自分をほめると、脳内には幸せホルモンと呼ばれるセロトニンの量が増えるといわれています。セロトニンが増加すると気持ちが安定。心が元気になり、ストレスにも強くなります。

「ほめる」の効果をさらに高めるレッスン

自分をほめる習慣が身についてきたら、「人からのほめ言葉を素直に受け取る」「周りの人のことを積極的にほめる」。この2つも意識してみましょう。

頂いたほめ言葉は、ノートに書いて、自分をもう一回ほめてあげましょう。自分で自分をほめることがなかなかできない人も、他人がほめてくれたことから始まっていると書きやすいものです。人からのほめ言葉は、ものすごく落ち込んでいるときなどに見直すと、励ましてくれる効果もあります。

人からのほめ言葉をノートに書いておく

人からほめてもらえるとうれしい反面、謙遜して否定してしまったりするものです。でも、ほめ言葉はプレゼントと同じと考えて、ありがたく受け取ることをおすすめします。

たとえば、「脚がキレイね」とほめられたら、「そんなことない！　私なんて全然」などと返してしまうかもしれませんが、それは相手の考えや価値観をバッサリ否定していることになります。自分の主観を入れる必要はないので、リップサービスだとしても、サービスなのだからありがたく受け取ればいいのですね。

周りの人のことも積極的にほめる

人からほめ言葉を頂いたら、すぐさま相手のいいところを見つけてほめ返すようにすると、コミュニケーションも円滑になり、人を幸せにすることもできます。

「そのヘアスタイル似合ってますね」「かわいいバッグですね」というふうに、お天気トークの延長のような軽いノリで構いません。

実は、周りの人をほめることは、自分自身をほめることにもつながっています。自分の口から発したほめ言葉であっても、自分の耳に入ってきますから、「主語を認識しない」という特徴がある潜在意識からしてみると、「自分に対して言われた言葉」と勘違いするからです。

誰かをダイレクトにほめることが恥ずかしかったり、おべっか使いみたいでいやらしくない？と深読みしてしまったりする人は、感謝の気持ちを伝えることで、間接的に相手をほめることもできます。「いつも助けられています」「遅くまでありがとう」「いつも感謝しています。たまにはゆっくりしてね」という具合です。ひと言、感謝の気持ちを伝えるだけで、相手は自分のがんばりに気づいていてくれていたとうれしくなって心が温かくなります。

ほめ言葉はギフトですから、他者にも与えれば与えるほど、何らかの形で自分にもうれしいギフトが返ってくるのです！

よく知る相手なのであれば、その人のいい部分はよくわかっていると思います。近しい仲ほど照れくさくてほめたりしづらいかもしれませんが、そこを言葉にしてちゃんと伝えてあげると、相手は「そんなふうに思っていてくれたんだ」ととてもうれしいはずです。

感謝ノート

不安や心配事に負けないメンタルが手に入る

「感謝する」ことを意図的にするのと、しないのとでは人生で得るものはまったく変わってきます。

「ありがたいな〜」「助かるな〜」「感謝しかないわ〜」という気持ちになったとき、不愉快な気分になる人はいないでしょう。多くの人は感謝できると、今ここにある幸せを感じて、心が落ち着いたり、よい気分になったりするものです。感謝の気持ちはとても純粋で、波動が高いものなのです。

「感謝できることが起こるから、感謝の気持ちが自然と湧く」という人もいるかもしれません。その考え方も間違いではありませんが、感謝についてはもっと前のめりになって正解です。

「自分が感謝の気持ちでいるから感謝できることが起こる」という考え方でいるほうが、プラスの波動を維持できます。

私たちの経験では、感謝ノートをつけていると、感謝したいことが次々に起こるようになります。「感謝が止まらない」状態というのはこの上なく幸せです。

それもそのはず。「ありがとう」と私たちが心から感謝する瞬間、私たちの脳内ではベータ・エンドルフィンという快楽ホルモンが分泌されるのだそう。通常の約7倍の鎮痛効果があるといわれるくらい、強力なホルモンだというから驚きです。「ありがとう」は天然のハッピーホルモンなのですね。その状態で行動すると、ワクワクできるし、目標の途中でめげてしまうことも減ってきます。

感謝ノートのやり方

夜寝る前に、その日にあった感謝したいことを
思いつくだけ書き出します。

11月1日

- 今日もおいしいごはんが3回食べられた、ありがとう！
- 今日先輩から京都旅行のお土産を頂いた、ありがとう！
- 欲しかったセーターがお安くなっていて買うことができた。ありがとう！
- 今日も家族が元気なおかげで仕事に邁進できる。ありがとう！
- グチを聞いてくれた友達の存在がありがたい。本当にありがとう！
- すごくおいしいケーキを食べちゃった。ありがとう！
- オーストラリア旅行が当たった！　うれしすぎます。ありがとう！

11月2日

- いい言葉がいっぱい書いてある本を見つけた。ありがとう！
- 周りの人がとても親切にしてくれた。ありがとう！
- お世話になっている同僚にプチギフトを贈ったら、ものすごく喜んでくれた。笑顔がもらえて元気になった。こちらこそいつもありがとう！
- 会社のおかげでいろいろな経験ができている。考えてみれば、この会社に入らなければ彼との出会いもなかったな～。しかもお給料も頂いている。ありがとう！
- 今日も温かいお風呂に入って、清潔なお布団で眠れて幸せ。ありがとう！

＊感謝ノートはとても即効性があり、書いているそばから幸福感に包まれます。「自分は感謝すべきことをされた存在である」という自己価値を認める作業でもあるので、自己肯定感や、自分を大切にする気持ちもアップします！
＊ほめほめノートと同様に、感謝を意識的に見つけるようにしていると、不安や心配という感情の入る余地が減っていきます。

感謝ノートのコツ

感謝がなかなか意識しづらいという人は、難しく考えすぎているのかも。ラッキーだな、うれしいなと思ったこと、「ありがとう」と人に言ったことなどを思い出してみてください。

★一日をていねいに振り返る

はじめのうちは、「そんなに感謝したいことはない」と思うかもしれません。本当にそうでしょうか？　こんなふうに一日をていねいに振り返ってみましょう。

- 心配していた問題が解決したことはありませんか？
- お菓子をもらったりしていませんか？
- お昼においしいランチを食べたりしていませんか？
- かわいいアイテムに癒やされたりしていませんか？
- 思いがけず空き時間ができて、ひと息つくことができたりしていませんか？
- 旅行の計画は始まったりしていませんか？

★人から感謝されることにも気づこう

反対に、自分が人にしてあげた「感謝されること」はありませんか？　人に何かをしてあげられるというのは自分に余裕がある証拠で、今、自分は幸せだということなのです。ですから、今の自分の状態に感謝してもおかしくありません。ただし、自分が疲れているのに他人を優先したり、おだてたり、お世辞を言うこととは違いますので、勘違いしないでくださいね。

がんばっている後輩にねぎらいの言葉をかけたり、コーヒーやお菓子を差し入れたりという、自分ではごく当たり前にしていると思っていることでも、相手の気持ちをラクにしたり、救っていることもあります。そこに気づいてほしいのです。もっといえば、人に笑顔を見せる、感じよく接する、というだけでもハッピーを送り出していることになり、互いにとって「うれしいこと」「幸せなこと」「感謝したいこと」につながっています。

「感謝」が生まれる行為は、グチだったりイヤなことに意識を向けるよりも、天と地の差で自分も周りも超高速で幸せに運ばれる手段のひとつでもあるのです。

感謝ノートの効果

感謝ノートの最大の効果は、自分がすでに幸せなことに気づく、ということです。

「感謝したいこと」は、「いいこと」と考えてもいいと思います。「いいこと探し」「いいこと日記」「いいことノート」という形で行っている方は、感謝の気持ちを持たずに書き出すことはできないはずです。感謝したいことは、自分にとって「いいこと」であるし、その逆も同様だからですね。

「感謝」を見つけるのがうまくなってくる。

「感謝」を探すようになる。

「感謝」ってけっこうあるなあと、思うようになってくる。

人間の脳は、同じことを繰り返すと神経が太くなって、信号の伝達が速く強くなっていきます。同じ作業を繰り返していると、どんどん手際がよくなっていきますよね。それと同じです。感謝ノートは脳の幸せ回路を開いて、幸せなのが当たり前の状態にしてくれるのです。

厳格なルールはありませんが、できればほめほめノートと一緒に、眠る前にノートに向き合ってみるといいかもしれません。眠る前は潜在意識にアクセスしやすい時間帯。そのままいい気分で眠りにつけば、感謝のいい波動がすーっと潜在意識に届けられます。

アファメーション

エネルギー注入型 引き寄せ成功法

「ほめほめノート」や「感謝ノート」でハッピーでいられる状態が増えてきたら、アファメーションにもトライしてみてください。アファメーションは潜在意識に願望を届ける宣言文。私たちが厳選したアファメーションをお届けします。

お金さん いつも ありがとう
新しい 扉が 開きます

【お金&豊かさ】

- 私はお金が大好き！　お金も私が大好き！
- あっという間に、ビリオネア！
- お金は私の周りにたっぷりあります！
- お金は必要なときにちゃんとやってくる！
- お金がたくさんあって幸せ〜♡
- お金ならあるよ！
- 毎日が給料日！
- お金さん、いつもありがとう
- 使ったお金さんが仲間をつれて帰ってきた
- 私が使うお金はみんなを幸せにします
- 私のしたことは、全部お金になって返ってきます
- お金を使えば使うほど、増えてくる！
- 豊かさが止まらない！

【仕事】

- 私の仕事はみんなに喜ばれています
- 私は好きな仕事をしてキラッキラに輝いています
- 起業した会社が大成功！
- 私は富とステータスを両方手に入れました
- 私は超売れっこです！
- 私は最善最高の道を進んでいます
- 大好きな仲間と大好きな仕事をしています
- 仕事楽しい！　すごく充実！
- 私の会社はすんなり大成功！
- 私は○○の第一人者

【恋愛・結婚】

- 彼は私に夢中です！
- 幸せすぎてしかたがない！
- 私は相思相愛が好き
- 私は最高のパートナーに出会って、毎日幸せです
- いつも出会いは用意されています
- 私は○○な人と出会って、温かい家庭の中にいます
- 私と彼はいつも裕福で穏やかで幸せです
- 私たちはいつもラブラブ♡
- 私は魅力的でモテモテです
- いつも笑顔でいられる人と一緒で幸せです

【自分のこと】

- 私の周りはステキな人ばかり
- 私は大丈夫
- いつもありがとう。すべてに感謝！
- 私は引き寄せ上手
- いつも笑顔で楽しいのが好き
- 私は自分が大好き。みんなも大好き
- 私は自由な人生を楽しみます
- チャンスがどんどんやってくる！
- 新しい扉が開きます！
- 私は何だってできちゃう！

アファメーションの作り方 3か条

アファメーションは自分の願いに沿ってアレンジしたり、作ってみることもできます。その際のポイントをまとめておきましょう。

1 口に出したときワクワクする

2 テンションが上がってくる

3 リズミカルで覚えやすい

＊「私は〜」で始まるとよいといわれることが多いですが、私たちが実験したところでは、「私は〜」は絶対ルールではありません。アファメーションを作るときは、「私は〜」とするほうが作りやすいかもしれませんが、口に出すときは「私は〜」を外して、口語調にアレンジしても引き寄せの効果はありました。自分が唱えやすいようにしてみましょう。

＊アファメーションが潜在意識に浸透したかどうかの見極めは、その言葉をもう言う必要はないなと思う瞬間がやってくることでわかります。ですから、回数や期間は人によって違うものです。お風呂タイム、散歩をしているとき、ぼーっとしているとき、起きてすぐ、寝る前などにつぶやいてみると潜在意識に届きやすいようです。

＊アファメーションを繰り返しノートに書くこともおすすめです。これは絶対叶えたいというものを毎日最低15回以上は書くとよいでしょう。

＊年始に行う「書き初め」は一年の目標を宣言するもので、アファメーションの役割を果たします。毛筆で一字一字思いを込めて書いたものは、家の壁に貼っておくとよいでしょう。

COLUMN

ノートを書いても効果を感じられないときは……

すでに、「ほめほめノート」「感謝ノート」を行っている。でも、願いが叶わないし、ちっとも幸福感が上がった気がしない、という人もいらっしゃるかもしれませんね。この２つのノートをやっているのに幸福感が上がらないとき、チェックしていただきたいことは、「〜できた」という成果にフォーカスしすぎていないか？　ということです。

たとえば、ほめほめノートに、「今日は上手にプレゼンができた」と書いたとしましょう。「何かができた」ということは達成感も満足度もあっていいのですが、そればかりになっているとしたら、あなたは心の奥で「できない私はダメ」と思う気持ちが強くなっているのかもしれません……。

成果ばかりを探していると、この２つのノートの本来の目的である「幸せだ」という感覚を感じることがポロリと抜け落ちてしまいます。

読み返してみて営業報告書や業務改善ノートみたいになっていたら注意です！

「○○ができた」だけではなく「○○がうれしかった」「〜の過程でがんばったから、いい結果が得られた」という感じで、「気持ち」や自分が行ったプロセスを尊重して書いてみましょう。プレゼンが成功する過程には、誰かが手伝ってくれていたり、ヒントとなるひと言を与えてくれた人がいたかもしれませんよね。

この２つには「うれしい」「楽しい」「幸せ」といった気持ちが何より大事です。

また、真面目な方に多いのですが、「ノートに書く」という作業をがんばりすぎていないでしょうか？　ノートが幸せを運んでくれるわけではありません。ノートに書くことをしなくても、あなたが「幸せ波動発信塔」になりさえすれば勝手に幸せになっていくのです。ほめることや感謝を意識していれば、そのような思考回路ができてきます。ただ、前述したとおり、今までマイナスを探すことのほうに意識が向いている場合、書くことをしたほうがプラスを探していく意識づけが確実になされますので効果的なのです。

人はイヤなことはいつまでも覚えているくせに、よいことや楽しいことは忘れてしまいがちという傾向もあります。だから、ノートに書いておくほうがいいのですが、くれぐれも「この２つを書かなければ引き寄せられない」と必死になりすぎないでくださいね。

あとからまとめてやっても効果ありのノート術です。気楽に楽しんで続けていただければと思います。

すごい引き寄せ！研究会

引き寄せの法則、開運法、
占いについて研鑽《けんさん》を積み、
日々、運気の向上に勤しむ会です。

©いいあい

STAFF
構成＆文／林 美穂
カバーデザイン／中島基文
本文デザイン／中山詳子
表紙イラスト／KINUE
編集／入江弘子

書けば願いが叶う 4つの「引き寄せノート術」

2018年10月29日　第1刷発行

著　者　すごい引き寄せ！研究会
発行人　蓮見清一
発行所　株式会社宝島社
〒102-8388 東京都千代田区一番町25番地
営業：03-3234-4621
編集：03-3239-0928
http://tkj.jp

印刷・製本　株式会社 廣済堂

ISBN978-4-8002-8853-0